■ 河南省哲学社会科学规划项目成果
■ 河南大学青年科研人才种子基金项目成果

量词理论研究

——从蒯因的观点看

杨红玉　著

中国社会科学出版社

图书在版编目（CIP）数据

量词理论研究：从蒯因的观点看／杨红玉著．—北京：中国社会
科学出版社，2015.8
ISBN 978 - 7 - 5161 - 6731 - 1

Ⅰ.①量…　Ⅱ.①杨…　Ⅲ.①数量词—理论研究　Ⅳ.①H042

中国版本图书馆 CIP 数据核字（2015）第 174109 号

出 版 人	赵剑英
责任编辑	孔继萍
特约编辑	邹　莉
责任校对	刘　娟
责任印制	何　艳

出　　版	中国社会科学出版社
社　　址	北京鼓楼西大街甲 158 号
邮　　编	100720
网　　址	http://www.csspw.cn
发 行 部	010 - 84083685
门 市 部	010 - 84029450
经　　销	新华书店及其他书店

印刷装订	北京市兴怀印刷厂
版　　次	2015 年 8 月第 1 版
印　　次	2015 年 8 月第 1 次印刷

开　　本	710×1000　1/16
印　　张	12.75
插　　页	2
字　　数	178 千字
定　　价	49.00 元

凡购买中国社会科学出版社图书，如有质量问题请与本社营销中心联系调换
电话:010 - 84083683

献给蔚然

序　言

　　关于序言，当代著名的哲学家达米特曾经有一个非常有意思的比喻。他说，一个人写了一本书而如果不为之写序的话，就像邀请朋友到家里做客却不带领他参观一下房间布局而将其直接领进餐厅一样，是一种让人尴尬的行为。对于这句话，我的理解是，书是著者思想的凝聚和呈现，思想又是和著者的日常思考和旨趣偏好密切相关，因此著者构成了思想产生的最直接的背景。读书之前，交代和交流相关的背景是必要的，因此，就有了以下的话。

　　这本著作是我在博士学位论文的基础之上修订而成的，其主体部分完成于清华大学，这是在清华四年博士读书生活的一个总结，也是我对清华大学的致敬之作。2009 年 9 月，我考入清华大学哲学系，求教于王路教授门下，开始了在清华读书的生涯。至今犹记开学伊始，王路教授就送给我一本书，帕斯卡·安格尔的《真之标准——逻辑哲学引论》（Engel P. , *The Norm of Truth：An Introduction to the Philosophy of Logic*, University of Toronto Press，1991），在这本书里，"蒯因"是一个高频率出现的名字，他发起和参与了安格尔教授所讨论的逻辑哲学的几乎所有的重要议题，并提供了独特的理论和有力的论证。蒯因由此进入我的视野，他的著作和与他相关的文献成了我阅读的重点。从逻辑和语言的角度反观哲学问题是蒯因思想的主线，而量化理论是其逻辑和哲学思想的结合点，从逻辑学的发展反观蒯因的量化理论，从蒯因的理论出发反观逻辑和哲学的基本问题，这是这本书的主题，也是我这些年来关于这些问题所取得的阶段性进展。

我的导师王路教授为本书付出了巨大的心血，从选题到框架的搭建，从文章的结构到语言的表达，王老师都给予了我悉心指教。在清华的四年时间，王老师对我的学业要求甚严，几乎每周都要进行的读书报告，王老师大到一篇文章思想的理解，小到一个语词的翻译，都要对我反复诘问。正是在读书的过程中，我接触到了弗雷格、罗素、蒯因、达米特和戴维森，也正是在炼狱般的接受诘问的过程中，我开始反思这些哲学家的思想，并逐渐形成了自己的看待问题的视角和看法。在本书付梓之际，我要谢谢王老师一直以来对我的谆谆教导，谢谢他对我一直以来的宽容和理解。在王老师的身上，我看到了一种为师风范，这种风范和精神对我影响甚深。

感谢清华岁月里那些和我朝夕相处的同学和朋友吴娟娟、宗棕、张秋芳、李卓、李昕、朱晓佳、齐安瑾、李季璇以及我同门的师兄弟们，如果没有他（她）们的朝夕相伴、促膝长谈和一饭一蔬的监督与相互激励，这本书不可能达到现在的状态。我的清华岁月也因为你们而闪闪发亮。

最后，我要说的是，蒯因是我很偏爱的哲学家，为他宽博深厚的知识背景，为他的独特的分析哲学问题的方式，为他简练优美的写作风格。对于一个哲学家而言，能拥有其中的某些品质，可能不是难事，难的是同时拥有这些品质，在这样的意义上而言，蒯因是哲学家中的翘楚。量化理论只是蒯因关注的众多逻辑问题之一，即便如此，我也不敢肯定自己读懂了量化理论，读懂了蒯因。好在学术是终生的事业，从量化理论来读蒯因，从蒯因的角度来看逻辑和哲学，仍将是我今后的学术研究重点之一。在某种程度上，本书既是我个人的学术旨趣所在，也是我的一封邀请函，请前辈和专家指教斧正，也请同辈和后来的人在这些问题上相互切磋，共同寻找一种思维的乐趣！

　　是为序！

杨红玉
2015 年初夏于河南大学

目 录

第一章

引　言

　　量化理论是关于量词的语义解释的理论。自然语言中的量词很多，但经典逻辑中的量词只有两个，一个是全称量词，另一个是特称量词，量化理论主要是关于这两个量词的语义解释的理论。现代逻辑学之父弗雷格在逻辑史上第一次发现了量词—变元理论，并建立了逻辑史上第一个谓词逻辑的句法系统，从此以后对量词的语义解释成了现代逻辑和语言哲学的核心问题，不同的量化理论将会导致对真、指称、同一、意义等概念的不同看法，不同的量化理论也会在逻辑学内部产生不同影响，如承认或否认高阶逻辑和模态逻辑。正如逻辑学家安格尔所指出的那样："量化理论的核心地位是由其自身的概念结构以及其中主要概念的本质和范围所决定的。"①

　　而围绕量词，一个有意思的现象是，全称量词和特称量词也是传统逻辑的两个基本量词，而关于这两个基本量词，传统逻辑却并没有形成像现代逻辑一样的量化理论。而这种状况的形成与量词在传统逻辑和现代逻辑中的特点和作用的不同密切相关：在传统逻辑中，量词是用来表示主项的范围的，量词只是作用于词项；而在现代逻辑中，量词与变元密切相关，量词

---

　　① Engel P. , *The Norm of Truth：An Introduction to the Philosophy of Logic*，Toronto Buffalo：University of Toronto Press，1991，p. 69.

是用来约束变元的，量词与约束变元相互指涉，变元反过来表明量词作用的范围和数量，量词是作用在句子上的。量词的这种特点一方面使得现代逻辑的语言表达能力大为增强；另一方面也使得对量词的解释要涉及指称、谓述、意义等很多哲学问题，量化理论由此成为现代逻辑的核心理论。

在正式地讨论量化理论之前，笔者将首先关注量词。亚里士多德和弗雷格分别是传统逻辑和现代逻辑的创始人，全称量词和特称量词在其各自所建立的逻辑体系中都占据着非常重要的位置。从亚里士多德和弗雷格的视角看待量词，然后从量词的角度再反观传统逻辑和现代逻辑，是本章第一节所要关注的主要问题。而作为引言篇，本章将对主要的术语，如对象量化和替换量化进行解释和界定，并且，本章将讨论本书的研究思路和基本内容等，这些内容分别构成了本章的第二节、第三节和第四节。

一　什么是量词

关于什么是量词，传统逻辑和现代逻辑具有不同的看法和定义。亚里士多德和弗雷格作为传统逻辑和现代逻辑的创始人，关于量词，他们都提出了自己的看法，并形成了自己的关于量词的观点和理论。

（一）从亚里士多德的角度看

在《论辩篇》、《解释篇》和《前分析篇》中，在讨论命题分类的时候，亚里士多德多次提及和论述自己对量词的看法。

《论辩篇》作为指导人们进行辩论的手册，亚里士多德一反以前智者学派只教给人们针对某个具体论题进行论辩的做法，决定教给人们进行论辩的普遍的方法。亚里士多德的做法就是首先对命题进行分类，以便针对每一类命题为论辩双方提供论辩的规则和方法。而就是在对命题进行分类的时候，全称命题和特称命题被亚里士多德所提出。不过在《论辩篇》① 里，针对全称命题和特称命题，亚里士多德并没有对它们进行严格的定义，而只是用举例的方法来说明。针对全称命题，亚里士多德所举的例子是："所有的快乐都是好的（Every pleasure is good）"，"没有快乐是好的（No pleasure is good）"；针对特称命题，亚里士多德所举的例子是："有些快乐是好的（Some pleasure is good）"，"有些快乐是不好的（Some pleasure is not good）"②。这是亚里士多德关于量词概念思想的萌芽。从这些举例中，我们能够看到的是，全称命题可以进一步分为两类：肯定命题和否定命题，特称命题亦是如此。

在《解释篇》里，在谈及命题之间的关系的时候，亚里士多德首先区分了普遍（universal）和个别（individual）："一些事物是普遍的（universal），一些事物是个别的（individual）。我使用词项'universal'是用来表示一种能对很多对象进行谓述的性质，而'individual'则不能如此谓述。因此'man'是普遍词（a universal），'Callias'是个体词（a individual）。"③ 在这句话里，亚里士多德对"universal"和"individual"进行了

① Aristotle, "Metaphysics", Barnes, J.（ed.）, *The Complete Works of Aristotle*, Princeton: Princeton University Press, 1984, p. 108b.

② 在引用这四个句子论述亚里士多德的命题分类思想时，笔者并没有进一步探究对"pleasure"和"good"两个语词的翻译问题，也许把"pleasure"和"good"分别翻译为"幸福"和"善"更符合伦理学的习惯做法，但笔者只是采用了直译的方式，以更突出原来句子的结构。

③ Aristotle, "Metaphysics", Barnes, J.（ed.）, *The Complete Works of Aristotle*, Princeton: Princeton University Press, 1984, p. 17a.

定义和举例说明:"universal"是用来表达一种性质,这种性质就是可以谓述很多的对象,而"individual"则与此相反,不能谓述很多的对象。"能够谓述"是一种语词的性质,联系到亚里士多德在紧随其后所举的例子,"人"和"卡利亚"都被以引号的方式引出,也印证了这种看法,即"universal"和"individual"都是针对词项的一种分类,前者是普遍词项,后者是个体词项。而这种推论恰恰是和第一句话矛盾的,在第一句话里,亚里士多德说"一些事物是普遍的,一些事物是个别的(Some things are universal,others individual)",这句话表明"universal"和"individual"是针对事物而不是针对语词的一种分类。词项和事物是不同的,词项是语言层面的东西,而事物是语言之外的东西,这说明在亚里士多德的时代,他还没有清楚地区分出语言与语言所表达的东西两个层次①。如果说"没有清楚地区分出语言与语言所表达的东西两个层次"是一个过于强的论断,那么至少我们可以形成一个比较弱的断定:关于"universal"和"individual",亚里士多德在《解释篇》里有两种不同的用法,一种是对语词的分类,根据语词谓述对象的数量,可以把语词分为两类,普遍词和个体词;另一种是对事物的表述,有些事物是普遍的,有些事物是个体的。相对于前一种用法,"universal"和"individual"是被当作名词使用;相对于后一种用法,"universal"和"individual"是形容词。

在这段话里,针对"universal"和"individual",我们之所以需要以如此详细的方式来论述和区别,是因为在这里,"uni-

---

① 语言与语言所表达的对象之间的区分,在语言哲学中是一个特别重要的问题,弗雷格曾详细论述过这个问题,参见《含义和意谓》、《对含义和意谓的解释》等文章;另外,亚里士多德没有清楚区分语言与语言所表达的对象,不仅反映在对"universal"和"individual"的区分问题中,还反映在对"本质"等概念的理论中,本人在另外一篇论文中曾讨论过这个问题,参见《四谓词中的本质——兼论现代哲学中的本质主义困境》,《河南大学学报》2013 年第 1 期。

versal"这个语词已经开始出现，并被亚里士多德进行了初步的定义和解释，而"universal"这个语词与量词密切相关。

在《解释篇》里，在对"universal"和"individual"进行区分之后，亚里士多德进一步对命题进行分类。亚里士多德首先引入具有反对关系的一对命题，这样的两个命题一个是否定命题，另一个是肯定命题，其主项是同一个普遍词，而其谓项表达的是一种"普遍的性质"①。关于谓项所表达的是怎样的普遍性质，亚里士多德进行了深入的论述。首先，他以举例的方式说明具有这样的"普遍性质"的一对反对命题是"每个人都是白的（Every man is white）"和"每个人都不是白的（No man is white）"。与具有普遍性质的命题相对应的是另一组命题：这样的两个命题也是一个是肯定命题、另一个是否定命题，其主项也是普遍词，但却不具有普遍的性质。对于后一组命题，亚里士多德举出的例子是"人是白的（man is white）"和"人不是白的（man is not white）"。可以看出，后一组命题与前一组命题相比，其所不具有的普遍性质主要体现在其命题中不含有"每一个（every）"这样的语词。而"每一个（every）"这样的语词在命题中发挥着什么作用呢？亚里士多德给出的回答是："'every'这样的语词并不使得主项成为一个普遍词，而是使得命题具有一种普遍的性质。"② 亚里士多德在此处清楚地表达了他对在我们今天看来是量词的"每一个（every）"这个语词的看法："每一个（every）"并没有使得主项成为一个普遍词，因此主项"man"本身就是普遍词，"每一个（every）"主要是和谓项相关的，它用来表达谓项所谓述的是一种普遍适用

---

① Aristotle, "Metaphysics", Barnes, J. (ed.), *The Complete Works of Aristotle*, Princeton: Princeton University Press, 1984, p. 17a.

② Ibid..

于每一个主项的性质，并因此使得整个命题具有普遍的意义。这是亚里士多德关于量词的一个天才式的论述，遗憾的是，关于量词，亚里士多德在此并没有进一步的论证或解释。

在论述过具有反对关系的命题之后，亚里士多德在《解释篇》进一步论述了具有矛盾关系的两个命题的特征，特称命题在此被引入。在亚里士多德看来，具有矛盾关系的两个命题的特征是：主项是相同的，但"肯定命题具有普遍的性质，而否定命题不是（the denial is not）"。在这里，亚里士多德关于肯定命题的表述是清楚的，联系上下文来看，主项是一个普遍词，而且谓项表达的是一种普遍的性质，因此，这个肯定命题是"所有人都是白的"这样的全称肯定命题。与此相对应的是，亚里士多德关于否定命题的表达是不清楚的，"否定命题不是（the denial is not）"这句话很含混，不是什么？不是在表达普遍的性质吗？如果主项是普遍词，而谓项不是在表达普遍的性质，那么这个否定命题就是"人不是白的"这样的没有量词的句子。但显然，亚里士多德在这里并不认为相应的否定命题是"人不是白的"这样的不带量词的句子，因为这个不带量词的句子显然并不和"所有人都是白的"这样的句子构成矛盾关系。根据亚里士多德后面所举的例子"有些人不是白色的（Not every man is white）"，这个否定命题显然是通过对整个全称肯定命题进行否定而得到的。另一组矛盾关系的命题也是如此。可以看出，在《解释篇》里，在对命题进行分类的时候，亚里士多德关注的主要是"每一个（every）"这个被后来的传统逻辑称为量词的语词，而"没有一个（no）"、"有些（some）"都可以通过对语词"每一个（every）"加上否定词得到。

作为亚里士多德最成熟的逻辑著作之一，亚里士多德在《前分析篇》中论述三段论体系时，再一次讲到了命题的分类。

亚里士多德认为，构成前提的命题或者是肯定的，或者是否定的，而这些或者肯定或者否定的命题又可以分为三种情况：普遍的、特称的或者不定的。所谓普遍命题，在亚里士多德看来，是指某事物或者属于另一个事物的全部（belongs to all），或者不属于另一事物的任何部分（belongs to none）；所谓特称命题，是指一个事物或者属于另一个事物的部分（belongs to some），或者不属于另一个事物的部分或者全部（belongs not to some or not at all）；所谓不定命题，在亚里士多德看来，就是没有明显的特征来显示其是普遍命题或者特称命题的命题，如"快乐是不好的（Pleasure is not good）"。这样一来，亚里士多德把命题分为六类：普遍肯定命题、普遍否定命题、特称肯定命题、特称否定命题、不定肯定命题、不定否定命题。

从《论辩篇》到《解释篇》，再到《前分析篇》亚里士多德对命题的分类日臻成熟。只是关于量词，亚里士多德的表达并不十分明确，以至于后来的研究者针对亚里士多德逻辑中的量词问题，提出了很多不同的甚至相悖的观点。著名逻辑学家卢卡西维茨[①]就坚持认为，虽然运用现代逻辑中量词的观点，我们能较好地理解亚里士多德关于命题的分类，但在三段论系统中，亚里士多德没有关于量词的明确观念并且也没有在他的著作中使用量词。卢卡西维茨之所以认为亚里士多德在其逻辑体系中没有使用量词，是基于两个理由。首先，亚里士多德逻辑和传统逻辑、亚里士多德的三段论与传统逻辑的三段论是不同的概念。亚里士多德的逻辑与亚里士多德的三段论是亚里士多德本人关于逻辑以及三段论的看法和思想，而传统逻辑的主要思想虽然来自亚里士多德，但经过中世纪的漫长发展，其与亚里士多德逻辑是有很大区别的。中世纪的逻辑学家在亚里士多德的基础上，总结出了 A、E、I、O 四种基本的命题类型并明显地使用了量词，但这种情况在亚里士多德逻辑中并未出现。其次，在卢卡西维茨看来，在亚里士多德逻辑里，个体词被排除在外，个体词并不是亚里士多德逻辑的一个必要组成部分。而现代逻辑的量词总是与约束变元 x、y、z 相联系，而 x、y、z 与个体词密切相关，用来表示个体词代入量化式的位置，个体词是现代逻辑的核心概念。而个体词的这种重要性从来就没有在亚里士多德逻辑中体现过，用来约束个体变元的量词也因此并不是亚里士多德逻辑的组成部分。在此基础上，卢卡西维茨认为亚里士多德的三段论系统既不是关于类的逻辑，也不是现代逻辑意义上的谓词逻辑，而是一个独特的包含函项（其值是普遍词）和谓词的命题逻辑公理系统。

对于卢卡西维茨的这种观点，莫绍揆①予以反驳。莫绍揆认为，卢卡西维茨的这种对亚里士多德的解读过于拘泥于对亚里士多德的原文叙述，这样的解读会错失很多亚里士多德的本意。莫绍揆认为，亚里士多德的三段论系统包含了现代逻辑的一切要素，因此他认为亚里士多德根据量对命题的分类，其实质就是在讨论和使用量词。江天骥持与莫绍揆一致的观点。江天骥认为，在亚里士多德的三段论理论里，命题的主项都是普遍词，因而表达的是类概念，"每一个"这个语词在命题中的作用就是对类概念的外延进行限定，并说明命题对主项中的每一个分子都有所断定，因而亚里士多德在对命题进行分类的时候是引入量词概念的。

---

① 参见莫绍揆《关于传统逻辑的现代化》，载中国社科院哲学研究所编《金岳霖学术思想研究》，四川人民出版社 1987 年版，第 268 页。

王路①认为，无论人们对卢卡西维茨的观点是赞同还是反对（实际上赞同者居多），但卢卡西维茨的工作很值得肯定的一点，就是他拒绝使用现代逻辑中的量词的方式来分析亚里士多德的三段论理论。这样的做法一方面符合亚里士多德的本意，即避免将个体词引入三段论系统中；另一方面亚里士多德逻辑预设主项所表达的对象是非空的，只有主项非空的前提下，差等关系才能成立。而现代谓词逻辑是不预设主项非空这个原则的。这是亚里士多德三段论与现代谓词逻辑的重要区别，而卢卡西维茨不用量词的方式来分析亚里士多德的三段论，就很好地消除了这个矛盾。

可以看出，逻辑学家关于亚里士多德逻辑是否引入量词的讨论总是与其关于亚里士多德三段论性质的看法密切联系。认为亚里士多德的三段论是命题逻辑系统的逻辑学家，总是倾向于认为亚里士多德逻辑中的命题表达的是词项之间的关系，与个体无关，因而亚里士多德所使用的"每一个"、"有的"以及诸如此类的语词在他们看来是不表达量词的含义的。而认为亚里士多德的三段论是表达类与类之间的关系的逻辑学家，总会倾向于认为三段论归根结底是要对类中的个体有所断定，而命题中的语词如"每一个"、"有些"就是用来表达主项的数量的，因而这些语词具有量词的意义。卢卡西维茨属于前者，而莫绍揆和江天骥属于后者。由此可见，对亚里士多德逻辑中量词的理解与对其三段论的性质的断定密切相关，而亚里士多德三段论的性质又与个体词在三段论中的地位密切相关。正是在这种意义上，笔者认为，亚里士多德在其逻辑体系中是明确意识到量的问题的，但他并没有明确的关于量词的观念，至少是

---

① 参见王路《亚里士多德的逻辑学说》，中国社会科学出版社 2005 年版，第 178 页。

没有现代逻辑中的量词的观念。在亚里士多德看来，"每一个"这样的语词使得谓词谓述的对象扩大到主项的全部，而不具有"每一个"的命题（不定命题）中，谓词谓述的对象是不确定的，可能是全部，也可能不是。"每一个"是一个重要的有关量的概念。亚里士多德的三段论系统是不包含个体词的，而现代逻辑（指经典逻辑）的量词恰恰是用来约束个体变元的，个体词是现代逻辑理论的核心概念。而个体词的这种重要性从来就没有在亚里士多德逻辑中体现过，因此，亚里士多德逻辑并没有明确的关于量词的观念。

传统逻辑是在中世纪形成的，其主体思想来自亚里士多德，但对亚里士多德逻辑进行了补充和发展，如增加了三段论的第四格，深入探讨了空类的问题等①。尽管关于传统逻辑与亚里士多德逻辑的关系，是发展还是背离，逻辑学家还存在争议，但一个毋庸置疑的事实是，量词的概念在中世纪开始变得明晰。中世纪的哲学家根据命题中质（肯定或否定）和量（全称或特称）的不同，将命题分为 A、E、I、O 四种基本的类型。更为重要的是，包含个体词的单称命题也被纳入三段论推理中来。在亚里士多德逻辑中，诸如"所有人是有死的，苏格拉底是人，所以苏格拉底是有死的"这样包含个体词的推理，是被排除在三段论之外的，但中世纪逻辑学家将其纳入三段论推理之中。个体词的引入也使得传统逻辑的三段论成为关于类的逻辑，而量词作用于主项，用来表达主项表示的类中个体的数量，这使得量词的作用更加清晰。

---

① 参见王路《亚里士多德的逻辑学说》，中国社会科学出版社 2005 年版，第 158—168 页。

（二）从弗雷格的角度看

弗雷格是现代逻辑的创始人，也是公认的语言哲学的创始人，他的思想对 20 世纪的逻辑、哲学以及与之相关的学科产生了重要的影响。达米特[①]指出，在哲学史上，有三项殊荣归属于弗雷格。首先，弗雷格发明了一种形式语言，并建立了逻辑史上第一个谓词逻辑系统，从而开创了用形式语言研究逻辑的新时代。其次，弗雷格所开创的逻辑方法被证明是研究哲学的重要方法，并且弗雷格坚持在逻辑乃至哲学研究中拒斥心理主义，他的哲学逻辑的方法促进了其后的哲学重心的转移——实现了从笛卡儿所开创的认知研究向语言分析的转向。最后，弗雷格用数学的方法研究逻辑反过来也促使了数学哲学的巨大发展，弗雷格极大地促使了人们对数学基础的思考，数学哲学其后的许多成就都受到了弗雷格莫大的启迪。而在这三大成就里，起关键和基础作用的就是弗雷格的量词—变元理论。

作为一个数学家，弗雷格在自己事业的开始阶段，兴趣并不在于改革传统逻辑，而是要为算术提供一个坚实的基础。而在弗雷格看来，算术的最坚实的基础就是逻辑，因此，从逻辑推出全部的算术成为弗雷格的行动纲领和目标。面对这样的目标，弗雷格首先需要解决的就是如何用逻辑的方法表示算术的常用表达式，如"每一个数都有一个后承"、"每一个偶数都是两个素数之和"等。而这样的句子都包含了多个量词，这是传统逻辑所无法表达的。就是在探索算术基础的过程中，弗雷

---

① Dummett M. *Frege*: *Philosophy of Language*, Cambridge: Harvard University Press, 1981, pp. XXXI – XXXIV.

格看到传统逻辑的局限性。

首先，传统逻辑处理不了表达关系的语句。从古希腊逻辑发轫之初，人们主要关注的是形如"所有人是有死的"，即"S 是 P"这样句子的推理，亚里士多德所建立的三段论推理系统也专注于此，并代表了传统逻辑的最高成就。在"S 是 P"这样的句式的基础上，加上否定，再加上两个基本的量词——全称量词和特称量词，就形成了传统逻辑的四个基本命题的句式，"所有 S 是 P"、"所有 S 不是 P"、"有 S 是 P"、"有 S 不是 P"。三段论推理关注的就是从拥有一个共同项的两个命题出发，可以得出怎样的结论。虽然关于三段论，亚里士多德补充说，其不仅能够处理"to be"的句型，而且还可以处理"to do"类的句子，这样的做法虽然扩展了三段论的表达能力，但三段论依然无法处理表达关系的语句。用现代逻辑的话来说就是，在"S 是 P"这样的基本句式中，主项 S 和谓项 P 都只能是一元谓词，而不能是两元或者多元谓词。

其次，传统逻辑处理不了包含多个量词的语句。传统逻辑的基本句式是"S 是 P"，A、E、I、O 四类命题都建立在这个基本句式之上。其建立的方式就是加入否定词和两个量词。这样一来，命题就有四种组合方式：全称肯定命题、全称否定命题、特称肯定命题和特称否定命题。在命题的构成过程中，量词只可以加在主项的前面，因此如果句子中出现两个量词，传统逻辑是无法表达的。

最后，传统逻辑无法处理包含个体词的语句的推理。虽然亚里士多德在划分命题类型的时候提及了单称命题，然而其在三段论推理中却排除掉单称命题。关于亚里士多德为什么要排除掉个体词，后来的逻辑学家给出了各种解释，当代的亚里士多德研究专家罗斯①认为亚里士多德排除掉个体词是由其逻辑研究的目的决定，作为一种追求普遍性的学科，个体不是其关注的对象。而卢卡西维茨②则认为，同一个词项不带任何限制地既可以做主词也可以换位做谓词，对亚里士多德的三段论体系具有根本的意义。而单称词则因为只能在句子中做主词而不能做谓词，而被亚里士多德所排除。尽管对亚里士多德在三段论推理中排除掉个体词的原因，逻辑学家意见不一，但能够确定的是，个体词的引入会给三段论推理带来混乱，因此，我们也可以说，亚里士多德逻辑是处理不了个体词的，这种情况经过中世纪的漫长发展也没有得到改变。虽然中世纪的逻辑学家们将包含个体词的单称命题纳入三段论推理之内，其方式就是把主项看作只包含一个个体的类，从而将单称命题当作全称命题处理，但这样的处理方式存在两个理论困难，一是这种方式只适用于一部分包含个体词的三段论推理，而不适用于全部。诸如三段论"鲁迅的作品是一天读不完的，《呐喊》是鲁迅的作品，因此《呐喊》是一天读不完的"，就是一个无效的推理。关于这个推理为何无效，传统逻辑认为是因为这个推理犯了"四概念"的逻辑错误，而归根到底，这个推理的无效是因为引入个体词所引发的。二是即便是传统逻辑可以处理的包含个体词的三段论推理，也会丧失一个重要的性质。传统逻辑在面对"苏格拉底是有死的（Socrates is mortal）"和"所有人都是有死的（Everyone is mortal）"两个句子时，会把它们都处理为 SAP 命题（全称肯定命题），而实际上，这两个命题

---

① Ross, W. D., *Aristotle's Prior and posterior Analysis*, Oxford：Oxford University Preee，1949，p. 289.

② ［波］卢卡西维茨：《亚里士多德的三段论》，李真等译，商务印书馆 1991 年版，第15 页。

是有重要的区别的。虽然在语言层面上看，两个句子中的系词都是"is"，但它们表达的关系是不同的，第一个句子表达的是分子和类之间的关系，而第二个句子表达的是类和类之间的关系，这样的区分在数学中非常重要，而传统逻辑将单称命题处理为全称命题，会丧失掉这个重要的区分。

　　面对传统逻辑语言表达能力的不足，弗雷格认为究其原因，是由传统逻辑的推理过于局限于日常语言的表达方式所决定的。古希腊逻辑发轫之初，人们主要关注的是形如"所有人是有死的"即"S是P"这样的主谓式句子的推理，在这样的推理中，推理形式和日常语言的形式是紧密相关的甚至是一致的。"所有人是有死的（Everyone is mortal）"在传统逻辑看来就是这样一个主谓式句子："人"是这个句子的主语，"有死的"是这个句子的谓语，"每一个"这样的量词加诸在句子的主语的前面，表达了主项的数量。虽然三段论推理代表了传统逻辑的最高成就，但是推理形式过分依赖于日常语言形式还是使得传统逻辑处理句子的能力受到很大的局限，三段论只能处理主谓式句子的推理而不能处理表达关系的主谓宾结构的句子即关系命题。而实际上，关系命题和性质命题一样是我们日常语言的重要组成部分，不能处理关系命题使得传统逻辑的表达能力受到很大的局限。而且传统逻辑也不能处理包含单称词的命题的推理问题。面对这种情况，弗雷格意识到了传统逻辑只关注主谓式命题的局限："在我第一次设计一种形式语言的时候，我受到语言例子的诱惑，用主词和谓词构造判断。但是不久我就确信，这对我独有的目的是一种障碍，并且只会导致毫无用处的论述。"① 弗雷格决定将数学中的函数引入对句子结

---

① ［德］弗雷格：《概念文字：一种模仿算术语言构造的纯思维的形式语言》，载《弗雷格哲学论著选辑》，王路译，商务印书馆2006年版，第9页。

构的表达，以突破自然语言所带来的限制，而就是在此过程中，量词—变元概念被发现。

首先，弗雷格将函数—变元的概念引入对句子结构的分析当中去。在弗雷格看来①，函数在数学上虽然已经具有了很多引申的含义，而实际上，函数最大的特点就是其不饱和性。在任何一个函数解析式中，自变元在函数中都不是一个必要的组成部分，而是表示插入内容位置的符号，而对自变元的每一次指派，函数都会产生一个函数值，因此函数的最大特点就是其不饱和性。弗雷格认为，概念在本质上与函数相同，也是不饱和的，对于每一个代入的专名，都将会产生或真或假的真值。因此，弗雷格对函数进行了扩展，并用函数的方式来表达概念。在此基础上，弗雷格认为，专名和概念词是不同的，专名表达对象，对象是完整的（在不需要补充的意义上），因而专名在句子里处于逻辑主语的位置，而概念词在句子中处于谓词的位置，其本质是用来谓述专名的，是有待补充的、不完整的。这样一来，"苏格拉底是有死的"这个语句就被处理为"Fa"的函数形式，其中"a"代表专名"苏格拉底"，"F"表示概念"有死的"，"Fa"表达的是一个对象处于一个概念之下的关系。"苏格拉底是有死的"也被弗雷格称为原子句。

其次，在引入函数的基础之上，弗雷格引入了量词—变元的概念。在将"苏格拉底是有死的"这个包含个体词的语句处理为"Fa"的基础上，弗雷格进而思考如何处理"所有人都是有死的"这样的包含量词的语句。对于形如"所有人都是有死的"这样的语句，传统逻辑认为"人"是这个语句所表达的对象，而"有死的"表达的是人的一种性质，这个句

---

① 参见［德］弗雷格《什么是函数》，载《弗雷格哲学论著选辑》，王路译，商务印书馆 2006 年版，第 46—69 页。

子总体而言表达的是两个概念之间的关系。而传统逻辑的这种
看法是基于一种语法上的顺序，在一个句子中，位于一个句子
前面的主语表达的是对象，而位于后面的谓词表达的是属性。
而弗雷格对这样的观点提出质疑和反驳。在弗雷格看来，一个
句子中主语与谓语的顺序体现的只是说话者的愿望——位于主
语的事物是说话者希望别人关注的对象，这一点可以从主动语
态句和被动语态句中体现出来：位于句子前面的那个主语是说
话者强调的重点。弗雷格认为，这样的主词谓词的区分只具有
语法学的意义，而不具有逻辑学的意义，一个句子中主语和谓
语的位置调换只要不影响一个句子的真值，都是可以容忍的，
因此弗雷格在其理论中取消了传统意义的主语和谓语的区分。
在此基础上弗雷格进一步认为，个体词是一个句子真正的主
语，"逻辑的基本关系考察就是一个对象处于一个概念之下的
关系，概念之间的所有关系都可以化归为这种关系"①。形如
"凡人皆有死"这样的语句，实际上表达的含义是："对于任
一事物 x 而言，如果 x 是人，那么 x 是有死的"，个体词是这
个语句的真正的主语，而"人"这个语词虽然处于主语的位
置，但它仍同"有死的"一样，是一个谓词，用来谓述个体
词所指称的对象。这样一来，这个句子中出现了两个概念
词——"人"和"有死的"，这两个概念词谓述同一个对象，
并建立起了一种条件性——"如果一个对象是人，那么他是有
死的"，而"所有的"代表了对象的数量和范围，在此，弗雷
格引进了量词—变元这个概念："在一个判断的表达中，如果
在自变元的位置上代入一个德文字母，并且在内容线上画出一
个凹处，使得这个德文字母处于内容线的凹处，它就意味着这

---

① 参见〔德〕弗雷格《对含义和意谓的解释》，载《弗雷格哲学论著选辑》，王路译，
商务印书馆 2006 年版，第 120—121 页。

样一个判断：无论将什么看作其自变元，那个函数都是一个事实。"① 弗雷格的符号系统因为印刷的不方便，已经被其后的逻辑学家所改进，上面所谓的量词—变元表达符号在现代逻辑中已经被 ∀x 所代替。引进量词之后，"所有人都是有死的（Everyone is mortal）"这句话就可以表示为"对任一事物 x 而言，如果 x 是人，那么 x 是有死的"，用量化式可以表示为"∀x（Rx→Mx）"。这样一来，普遍词"everyone"就显示出了与专名不一样的逻辑性质。两种不同的关系——分子与类的关系以及类与类的关系，在弗雷格的形式语言中，也都得到了很好的刻画。

可以看出，在弗雷格的概念文字中，量词具有不同于传统逻辑的重要特点。首先，弗雷格所创立的量词是作用于整个函项而不仅仅只是作用于主项，这一点与传统逻辑是截然不同的。在传统逻辑中，"每一个"、"有些"这样的量词作用于主项，用来表达主项所表达对象的数量。而在弗雷格的概念文字中，量词是作用于函项的，弗雷格有时把量词称为第二层函数，即以函数为自变元的函数。量词的这种特点，使得它不是关于函项所表达对象的断定，而是关于函项自身的断定。在"所有人都是有死的（Everyone is mortal）"这句话中，量词"每一个"不是关于人的论述，而是关于函项"如果 a 是一个人，那么 a 是有死的"的一个函数："对于任何事物 x 而言，如果 x 是一个人，那么 x 是有死的"，量词是弗雷格用来表达普遍性的装置。其次，弗雷格的量词总是与变元联系在一起使用的，量词后面的变元指明了量词的作用范围，变元也因此被称为约束变元。这是弗雷格量词和传统逻辑量词的最大不同。

———————————

① ［德］弗雷格：《概念文字：一种模仿算术语言构造的纯思维的形式语言》，载《弗雷格哲学论著选辑》，王路译，商务印书馆 2006 年版，第 26 页。

塔尔斯基也认为："正是量词能够约束变项（也就是说，量词能够将它后面的语句函项的自由变元变为约束变元），这构成了现代逻辑中量词的一个最基本的性质。"① 量词的这些特点，使得弗雷格能够进一步处理包含多个量词的语句和表达关系的语句，从而使得逻辑的表达能力大为增强。

（三）传统逻辑和现代逻辑

亚里士多德和弗雷格分别是传统逻辑和现代逻辑的创始人，在他们各自创建的逻辑理论中，量词都发挥着重要的作用。在三段论理论中，虽然亚里士多德没有明确的量词观念，但是量词在其命题分类中占据着重要地位，这一点也构成了传统逻辑的重要特点。而在弗雷格的逻辑体系中，量词理论也占据着重要的地位，涅尔夫妇认为："在弗雷格所提出的新东西中，最重要的是使用量词。"② 这个观点也得到了达米特的赞同，作为弗雷格思想研究的专家，达米特认为，弗雷格在逻辑和哲学上所取得的一切成就的基石就是其量词—变元理论③。因此，从量词的角度反思传统逻辑和现代逻辑，是本节的主要内容。

传统逻辑从亚里士多德开始，关注的主要是形如"所有人是有死的"即"S 是 P"这样句式的命题的推理，三段论推理系统也专注于此，并代表了传统逻辑的最高成就。在"S 是P"这样的句式的基础上，加上否定，再加上两个基本的量

---

① ［波］塔尔斯基：《逻辑与演绎科学方法论导论》，周礼全等译，商务印书馆 2009 年版，第 12 页。

② ［英］威廉·涅尔、玛莎·涅尔：《逻辑学的发展》，张家龙等译，商务印书馆 1985 年版，第 638 页。

③ Dummett M., *Frege：Philosophy of Language*, Cambridge：Harvard University Press, 1981, p. XXXIX.

词——全称量词和特称量词，就形成了传统逻辑的四个基本命题的句式，"所有 S 是 P"、"所有 S 不是 P"、"有 S 是 P"、"有 S 不是 P"。三段论推理关注的就是从拥有一个共同项的两个命题出发，可以得出怎样的结论。在这样的推理中，推理形式和日常语言形式是紧密相关的甚至是一致的。虽然在进行逻辑分析的时候，亚里士多德引进了 S、P 这样的字母依次表示主项和谓项，但三段论推理并没有真正做到形式化，一方面，句子中的肯定项、否定项以及量词都没有得到形式的刻画；另一方面，最重要的是，这样的研究也并没有突破自然语言的句型。三段论依旧关注的是主谓式句子的性质和推理。虽然三段论推理代表了传统逻辑的最高成就，但是推理形式过分依赖于日常语言形式还是使得传统逻辑处理句子的能力受到很大的局限，如三段论推理只能处理"S 是 P"这样的主系表结构的句子而不能处理表示关系的主谓宾结构的句子，即关系命题。而且传统逻辑也不能处理包含单称词的命题的推理问题。还有，亚里士多德的逻辑只能处理包含单个量词的情况，而对包含两个甚至多个量词的复杂句子无能为力。

而作为一个计划从逻辑推出全部数学的数学家，弗雷格意识到了自然语言的不完善性以及传统逻辑因为过于依赖于自然语言的句式而导致的这种局限性。弗雷格克服这种局限性的方式就是创造出一种"既可以避免别人曲解又可以避免自己思想中错误的工具"①，这种工具就是创立一套用逻辑关系补充数学符号的形式语言，弗雷格将其称作"概念文字"，量词—变元理论就是在此过程中被弗雷格所发现的。需要强调的是，谈及弗雷格与量词—变元理论的关系，我们用的语词是"发

① ［德］弗雷格：《论概念文字的科学根据》，载《弗雷格哲学论著选辑》，王路译，商务印书馆 2006 年版，第 39 页。

现"，而不是"发明"，这实际上是沿用并尊重弗雷格自己的关于人类认识以及知识的看法。在弗雷格看来，思想既不是外部世界的事物，也不属于我们每个人的表象或内心世界，我们必须承认介于外部世界和内心世界的第三种范围——"属于这种范围的东西在它们不能被感官感觉的这一点上与表象是一致的，而在它们不需要内容的承载者这一点上是与事物一致的。譬如，我们以毕达哥拉斯定理表达的思想就永远是真的，无论是否有人认为它是真的，它都是真的。它绝非自它被发现以来才是真的，而是就像行星一样，在人们发现它以前，它已经处于与其他行星的相互作用中。"① 弗雷格的概念文字包含一系列的符号，如断定符号、函数符号、等词、量词等，其中量词理论是弗雷格最重要的发现和贡献。在弗雷格事业的开端，正是对量词—变元概念的发现，导致了他的整个接下来对逻辑的看法，量词理论是弗雷格逻辑哲学体系的基础和核心。

亚里士多德逻辑只能解决包含一个量词的语句，而处理不了包含多个量词的语句，如"所有人嫉妒有些人（Everybody envies somebody）"。与此相联系的是，亚里士多德逻辑也处理不了关系语句，如"约翰嫉妒汤姆（John envies Tom）"，因而其处理语句的能力受到了巨大的局限。中世纪的逻辑学家一直想解决包含多个普遍词的句子的推理问题，并为此提出了各种复杂的解决方案，但都没有成功。而中世纪的哲学家之所以处理不了包含多个量词的语句，是因为他们在处理包含多个普遍词的语句的时候，总是过多地关注语句的语法结构。对于"所有人嫉妒有些人（Everybody envies somebody）"这样的包含两个普遍词的语句，中世纪的哲学家要应对的问题是：如何

---

① ［德］弗雷格：《思想：一种逻辑的研究》，载《弗雷格哲学论著选辑》，王路译，商务印书馆 2006 年版，第 144 页。

表达一个范围（somebody）包含于另一个范围（everybody）之中？这样的提出问题的方式有两点需要注意：首先，在这个句子中之所以认为"somebody"包含于另一个范围"everybody"之中，并没有确定的规则，只是遵循一种语言习惯，即在语句中出现得靠后的普遍词包含于出现得靠前的普遍词中。而对另一个语句"有些人被所有人嫉妒（Somebody is envied by everybody）"，虽然它表达了和"所有人嫉妒有些人（Everybody envies somebody）"一样的思想，但因为普遍词在句子中出现的次序不同，则其包含关系与后者相反。其次，这个语句中只包含了两个普遍词，而一旦语句中出现三个或更多的普遍词，则包含关系，以及相互之间的范围关系会更加复杂，刻画的难度也会成倍增加。达米特认为①，正是对自然语言的结构过于关注才误导了逻辑学的方向，阻止了中世纪逻辑学的深入发展，并由此导致逻辑自亚里士多德以后一直裹足不前。

弗雷格在把函数的概念引入对语句的刻画和表达的同时，把复杂的句子看作由一系列步骤构成的过程，从这样的视角出发，一个包含两个普遍词的语句，如"所有人嫉妒有些人（Everybody envies somebody）"，就可以看作由两步构成的，其中，第一步是将 everybody 从句子中去掉，而代之以希腊字母"ξ"，原来的句子就变为"ξenvies somebody"，这样一来，"envies somebody"就成了一个一元谓词，而 ξ 代表一个空位，一个表明专名插入句子中的位置的空位，如"John envies somebody"、"Mary envies somebody"等，而"Everybody"就可以理解为所有专名代入后所形成的语句都是真的。第二步，我们再将"John envies somebody"中的"somebody"去掉，而

---

① Dummett M., *Frege: Philosophy of Language*, Cambridge: Harvard University Press, 1981, p. 8.

代之以希腊字母"λ"，原来的语句就变为"John envies λ"，λ 和 ξ 一样，代表一个空位，一个表明专名插入位置的空位，因而可以形成语句"John envies Tom"、"John envies David"等，就"somebody"而言，"John envies somebody"是真的，当且仅当至少有一个专名代入后形成的语句是真的。这样一来，弗雷格不仅将语句看作由诸阶段构成的，而且他还把每个普遍词的真之条件适用于每个引进它的那个阶段，这样的做法，既解决了句法问题，又解决了语义问题。

逻辑学以追求真为目标。逻辑学求真的方式就是量化概括，通过使用量词来追求真的普遍性。从"汤姆是会死的"、"苏格拉底是会死的"、"迪克是会死的"，我们对这类语句进行概括，得到一个语句"所有人是会死的"。对于这句话，我们可以用量化式表示为"对任一事物 x，如果 x 是人，那么 x 是会死的"。这样一来，我们从谈论某一个具体的对象的句子出发，进而来谈论某一类对象的句子的真假，逻辑学用这样的量化概括的方式来追求真的普遍性。"逻辑学家们谈论语句，只是把它们作为一种手段，借以沿着通过对对象施加量化的方式来达到一般性"①，追求真的普遍性，这是逻辑学家的目标。而在这个概括句"所有人（everyone）都是会死的"中，"所有的"这个语词虽然占据专名的位置，但它不是专名，而是量词，如弗雷格所言："它本身确实不是专名，不表达对象，而只是用来赋予这个句子内容的普遍性。"② 量词是逻辑学用来追求真的普遍性的工具。

量词理论带给弗雷格与以前的所有逻辑学家都截然不同的

---

① Quine, *Philosophy of Logic*, Tokyo: Prentice - Hall, INC, 1970, p. 35.
② ［德］弗雷格：《逻辑导论》，载《弗雷格哲学论著选辑》，王路译，商务印书馆 2006 年版，第 237 页。

视角，正是从发现量词理论的过程中，弗雷格发现了自然语言的不完善，而在此之前的中世纪的逻辑学家，正是对自然语言的结构过于关注才误导了逻辑学的方向，阻止了中世纪逻辑学的深入发展。弗雷格从一开始就放弃了自然语言，并发明了全新的表达普遍性的方法，新的逻辑体系呼之欲出。另外，对于弗雷格而言，句子是一步步构建的观点是语言分析的关键，自此，逻辑才和其他的哲学分支真正地区别开来：逻辑并非像其他哲学分支一样关注的是一定范围内语词的意义，而是关注语词所属的不同类型，以及由此所形成的不同的构建原子命题的途径。最后，正是通过量词—变元的理论，人们第一次发现亚里士多德的词项逻辑和斯多噶学派的命题逻辑原来存在如此紧密的联系。因此，涅尔夫妇认为："把量词应用于约束变元是现代逻辑的符号体系和方法的主要特点，这一特点使得它不仅优于普通语言，而且优于布尔所使用的代数类型的符号体系……认为对约束变元使用量词是 19 世纪最伟大的理智发明之一，这是不过分的。"① 当代逻辑学家达米特则认为："摩尔将罗素的摹状词理论称为哲学的典范，这个荣誉更应该给予弗雷格所发现的量词理论，正是在这个基础上，逻辑才有了更深远的进步。"②

首先，量词—变元理论的发现，在哲学方面产生了重大而深远的影响。对象和概念之间的联系和区别，一直是哲学史上的重要而核心的问题之一，哲学家对这个问题的回答奠定了其关于本体论和认识论的基本看法。虽然在不同的历史阶段，这

---

① ［英］威廉·涅尔、玛莎·涅尔：《逻辑学的发展》，张家龙等译，商务印书馆 1985 年版，第 638—639 页。

② Dummett M., *Frege: Philosophy of Language*, Cambridge: Harvard University Press, 1981, p. 9.

个问题会呈现出不同的历史形态，如演变为个体和普遍、殊相和共相等的争论，对这个问题的关注持续存在于哲学的整个发展历程。由量词—变元理论所提供的独特视角，弗雷格指出，专名是真正的逻辑主语，而概念是逻辑谓语，概念的最大特点就是其谓述性，量词是对概念词的限定，用来表明对象的范围，通过对量词域内对象的指派，句子有了自己的确定的真值。在此基础上，弗雷格进一步区分了专名、概念词、句子的含义和意谓。这样一来，专名、概念、意义、真等日后分析哲学的重要概念和议题在弗雷格著作中都已出现，弗雷格也因此被称为分析哲学之父。弗雷格自己也意识到这种新的逻辑符号将会产生对哲学的影响："如果哲学的任务就是通过揭示有关语言的用法常常是无可避免地形成的概念关系的假象，通过使思想摆脱只是语言表达工具的性质才使它具有的那些东西，从而打破语词对人类精神的统治的话，那么我的概念文字经过为实现这个目的的进一步改进，将会成为哲学家们的一种有用工具。"① 在这里，哲学的任务被看作对语言的分析，即"对有意义陈述的客观内涵的确定，是对用日常语言表达的批判，是对它们用一种新的语言的翻译"②，这是弗雷格的整个哲学的纲领，也成为日后语言哲学的响亮的口号和主要任务。正是在发现量词—变元理论的过程中，弗雷格在哲学史上区分了专名和概念、语言以及语言所表达的东西、含义和意谓等，这些都是日后兴起的语言哲学的关键术语，新的哲学形态蓄势待发。

其次，量词—变元理论的发现促使了哲学重心的转移——从认知向语言的转向。哲学发展的每一个阶段，都有其侧重点

---

① ［德］弗雷格：《概念文字：一种模仿算术语言构造的纯思维的形式语言》，载《弗雷格哲学论著选辑》，王路译，商务印书馆2006年版，第4页。

② ［美］斯鲁格：《弗雷格》，江怡译，中国社会科学出版社1989年版，第151页。

和重心，所谓哲学的"重心"，在达米特看来，是指"某些哲学分支是更基本的，其他哲学分支的很多问题的解决都依赖于这个重心领域内新的方法的创建"①。在哲学史上，笛卡儿实现了传统哲学从本体论到认识论的转移，笛卡儿之后的整个哲学的发展都以认识论为基础的这种情况一直持续到20世纪。而基于量词—变元所带来的视角，弗雷格以自己的行动表明新的逻辑形态与心理主义无关，并且从这样的新的逻辑形态出发，哲学呈现出新的面貌，新的逻辑而不是认识论成为哲学的出发点。弗雷格以自己的行动推动了哲学重心的转移。

最后，量词—变元理论也使得数学哲学成为哲学的重要的活跃的分支。作为一个数学家，弗雷格关注的重点是数学的基础，逻辑对于弗雷格而言，是进行数学基础分析的工具和手段。量词—变元理论使得弗雷格能够处理包含多个量词的句子，而这样的句子正是数学中的常见句型。对数的性质的考察，对数词功能的分析，对自然数性质的重新界定和对自然数的重新定义，即使最后罗素所发现的悖论使得弗雷格的将数学还原为逻辑的纲领宣告破产，弗雷格的工作仍然使得数学基础得到了20世纪哲学家的极大关注。即使是在今天的数学哲学领域，弗雷格仍然影响深远："源于弗雷格思想的所谓新弗雷格主义，是最近十多年来数学哲学研究中相对活跃的课题，这也显示了弗雷格经久不衰的影响。"②

---

① Dummett M., *Frege: Philosophy of Language*, Cambridge: Harvard University Press, 1981, p. XXXIII.

② ［德］弗雷格：《概念文字：一种模仿算术语言构造的纯思维的形式语言》，载《弗雷格哲学论著选辑》，王路译，商务印书馆2006年版，第17页。

二　什么是量化理论

量化是现代逻辑中对量词进行语义解释的理论。卡尔纳普[①]认为，一般而言，我们使用语言的场合都包含三个基本的要素：说话者、语言表达（声音或文字）、指称（言语表达式所意谓的东西，如对象、性质，事物的状态等）。根据所关注重点的不同，对自然语言的研究可以分为三个领域：语用学（pragmatics）、语义学（semantics）和句法学（syntax）。其中语用学关注的是语言的使用者和使用语境因素。而语义学则忽略掉说话者的因素，重点研究语言表示式和其指称之间的关系。而句法学则忽略掉说话者和指称的因素，只关注语言表达式及其形式，以及如何构建合式公式。对人工语言的研究不同于对自然语言的研究，因为自然语言总是要考虑历史的、经验的因素，而人工语言则是直接通过规则一步步构建的，说话者的因素不在人工语言的考虑之中，因此，对人工语言的研究分为两个领域：语义学和句法学，这两个领域也构成了人们研究人工语言的两种途径：语义学路径和句法学路径。这两个路径之间也是相互联系的，语义是对句法系统的解释，解释相当于在纯粹的形式系统和外部事物之间搭起的桥梁。就量词而言，量词—变元是句法学上的符号，而量化理论就是对量词—变元这些句法符号进行语义解释的理论。

而在语义解释中，真是一个核心的概念。一般而言，一个语义系统是这样一步步构建的：首先给出符号列表，接着给出形成规则，然后是指称规则，最后是真之规则。通过形成规则，

---

① Carnap R., *Introduction to Semantics*, Cambridge: Harvard University Press, 1942, pp. 8 – 11.

一个系统 S 中的句子被定义出来，通过指称规则，一个系统中的"在 S 中指称"被定义，通过真之规则，一个系统中的"在 S 中是真的"被定义。"对'在 S 中是真的'的定义是整个语义系统的真正目的，其他的定义都是为真服务，并且正是在'在 S 中是真的'的定义基础上，S 中的其他的语义概念才能被定义。"① 因此，对于量词而言，量化理论关心的就是包含量词的量化式在什么情况下取真值，什么情况下取假值。

弗雷格在发现量词—变元的同时，对量词也作出了解释，弗雷格关于量词的理论构成了逻辑史上的第一个量化理论。在《概念文字——一种模仿算术语言构造的纯思维的形式语言》中，在构造了全称量词后，弗雷格对量词进行了语义的解释："它就意谓下面这样一个判断：无论把什么看作是其自变元，那个函数都是一个事实。"② 这是弗雷格关于量词的一个简洁的解释，"函数是一个事实"是指函数的值为真，这句话的大概意思是，一个全称命题为真，意味着所有对自变元的代入，其结果总是真的。

在《概念文字》发表之后，鉴于当时的哲学界，更重要的是数学界对于这种新的形式语言的陌生和不理解，弗雷格撰写了一系列的文章来解释自己的哲学思想，这些文章包括《函数和概念》、《概念和对象》、《指称和意谓》、《逻辑导论》等，在这些文章里，弗雷格对量词和量化进一步进行论述："只有在这里（论述普遍性时——作者注）才促使我们把一个思想分析为一些不是思想的部分。最简单的情况是二分的情况。各部分是不同种类的：一类是不饱和的，另一类是饱和的（完整的）。这

① Carnap R., *Introduction to Semantics*, Cambridge：Harvard University Press, 1942, p. 24.
② ［德］弗雷格：《概念文字：一种模仿算术语言构造的纯思维的形式语言》，载《弗雷格哲学论著选辑》，王路译，商务印书馆 2006 年版，第 26 页。

里必须考虑被传统逻辑表示为单称判断的思想。这样一个思想表达了一个对象的某种情况。表达这样一个思想的句子是由一个专名和一个谓词部分组成，这个专名相应于这个思想的完整的部分，这个谓词部分相应于思想的不饱和部分……一个新思想（所有事物是与自身相等的），它与（二是与自身相等的，月亮是与自身相等的）这些单称命题相比是普遍的。'所有事物'一词在这里处于专名的位置，但它本身不是专名，不表示对象，而只用来赋予这个句子内容的普遍性。"① 在《函数和概念》里，弗雷格进一步解释了什么是普遍性："无论人们用什么做自变元，这个函数的值总是为真。"②

从这些论述中可以看出，弗雷格的形式系统中只有一个量词，即全称量词，特称量词可以通过量词之间的互定义性，由全称量词加否定词得到，因此，弗雷格的量化理论主要是关于全称量词的语义解释的理论。逻辑学在弗雷格看来是以真为目标并以追求真的普遍性为己任的科学，而量词是弗雷格所构建的逻辑系统中表达普遍性的设置。每个量化表达式都有确定的真值，一个句子的真值就是将量词域中的对象带入函数的结果。对于一个全称表达式而言，如果带入的结果总是真的，全称表达式就是真的，而如果代入的结果有假，则全称量化陈述就是假的。根据量词之间的互定义性，对于一个特称表达式而言，如果至少有一个自变元的带入结果为真，则特称量化取真值，如果带入的结果都为假，则特称量化式取假值。这就是弗雷格关于量化的基本观点，也是逻辑史上第一个量化理论。

---

① ［德］弗雷格：《逻辑导论》，载《弗雷格哲学论著选辑》，王路译，商务印书馆 2006 年版，第 236—237 页。

② ［德］弗雷格：《函数和概念》，载《弗雷格哲学论著选辑》，王路译，商务印书馆 2006 年版，第 71 页。

弗雷格关于量化的观点奠定了经典逻辑中量化理论的基本思想。现代逻辑包括紧密联系的两部分内容：命题逻辑和谓词逻辑。其中命题逻辑是以简单命题为最小单元并以命题之间的联结方式为研究对象的逻辑系统。而谓词逻辑则深入命题内部的结构，把词项作为最小的研究单元。与命题逻辑相比，谓词逻辑主要增加了量词、谓词、个体常元和个体变元，其中量词作为逻辑常项，在谓词逻辑中占据着核心的位置，因此，谓词逻辑也被称为量词逻辑。量化理论是现代逻辑的核心理论。

在现代逻辑中，量化式的真值都是通过定义开语句的满足而间接得到的。尽管不同的逻辑学家会用不同的符号和语言来表达量词、量化公式、量词域等概念，但其量化理论背后的逻辑思想都是一致的，即先定义什么是满足，再定义真。一般而言，谓词逻辑中个体变元的出现方式有两种：自由出现和约束出现。假设 x 是一个个体变元，并设 A 为任一公式，x 在 A 中的出现是约束的，当且仅当这一出现是在 A 中的某个使用 x 的量词（亦即某个 ∀x 中），或是在这样的量词的辖域中。x 在 A 中的出现是自由的，当且仅当这一出现不是约束的，即变元的这一出现既不是出现在任何量词 ∃x 或 ∀x 中，也不是在这些量词的辖域中。根据变元的出现方式，量化式可以相应地分为两种：开公式和闭公式，前者是指包含个体变元自由出现的语句，而后者是指所有的个体变元出现都是约束出现的公式。开公式是没有真假的，闭公式是量化理论讨论真假的基础，因此闭公式也被简称为语句。闭公式又可以进一步分为两种类型：一种是不包含约束个体变元的公式，如公式 Fa、Fb 等；另一种是所有的个体变元都是约束出现的闭语句，前者可以看作后者的一种极限的情况，即没有任何个体变元出现的闭公式。这两种闭公式的重要区别就在于前者不包含量词，而后者与量词密切相关。在不包含量词的闭公式 Fa、Fb 中，a 和 b 都是个体常元，用来表达具体的一个专名，这样的公式的真值取决于谓词 F 是否能够谓述 a 或 b 所指称的对象。而包含量词的闭语句的真值情况相对而言比较复杂。这样的公式包含量词，因而与一定范围（domain）内的对象相联系，直观上而言，整个量化式的真假由此取决于将域中的对象赋值给变元后所形成的结果，而且整个量化式中的非逻辑符号也需要进行指派和解释，因此包含量词的闭公式的语义解释理论比较复杂。鉴于这种情况，现代逻辑通常是通过递归地定义开语句的"满足"来间接地获得量化式的真值的。一般而言，一个全称量化式是真的，当且仅当量词域里的所有对象都满足于量词后面的开语句，一个存在量化式是真的，当且仅当至少有一个对象满足于量词后面的开语句。这种理论被称为基础语义学（Basic Semantic Definition，BSD），或塔尔斯基语义学，这种语义学的最重要的特点是通过递归地定义开语句的"满足"来定义真，真是被间接定义的。关于满足和真，其严格的定义可以参考克斯维尔和奥杰斯的《数理逻辑》[①] 和徐明的《符号逻辑讲义》[②] 中相关的章节。

三　对象量化和替换量化

虽然弗雷格的量化理论奠定了现代逻辑量化理论的基本思想，并且量化理论是现代逻辑的一个发展得比较成熟的理论，但量化理论在现代逻辑中的核心地位的被发现，也经历了一个

[①] Chiswell. I., Hodges W., *Mathematical Logic*, Oxford: Oxford University Press, 2007, pp. 141 – 170.

[②] 徐明:《符号逻辑讲义》，武汉大学出版社 2008 年版，第 300—301 页。

长期的过程。弗雷格是量化理论的创始人，他对量化有多次论述，并提出了关于量化的基本思想，达米特甚至认为量化理论的所有重要概念在弗雷格那里都已经具有。但安格尔认为达米特的这一断定过于夸大，在安格尔①看来，首先，在弗雷格和罗素的年代，弗雷格和罗素都比较倾向于认为逻辑是关于语言的科学，认为逻辑是谈论世界一切的语言，因此他们都很关注逻辑内部的性质，而量化理论之所以重要，恰恰是其所具有的元理论性质，而元理论的获得恰恰需要人们站在逻辑之外来反思逻辑，而这是弗雷格和罗素所不具备的。其次，在弗雷格和罗素的时代，他们也没有特意地关注一阶逻辑和高阶逻辑之间的区别，因此在一些量化的关键概念上，他们还没有形成确定性的观点。最后，安格尔认为，弗雷格和罗素并没有清楚地意识到区分句法学和语义学的必要性，他们更关注以句法学的方法来研究逻辑，而量化理论的重要性主要体现在语义学方面。安格尔的观点也得到了其他一些逻辑学家如斯提芬森的支持。斯提芬森认为②，弗雷格关于量化理论的思想也有前后不一致的表达，这至少说明弗雷格并不是一开始就意识到量化理论的重要性的，至少在量化理论的一些核心概念上，弗雷格并不是一开始就有足够的认识。可以说，直到 20 世纪 20 年代，量化理论一直在现代逻辑中被看作一个孤立的理论。

这种状况的改变是在 20 世纪 30 年代。20 世纪 30 年代是现代逻辑发展的重要时期，这一阶段，哥德尔完全性定理和不完全性定理的发表，斯科姆定理重要性的被发现，以及 Herbrand

---

① Engel P. , *The Norm of Truth: An Introduction to the Philosophy of Logic*, Toronto Buffalo: University of Toronto Press, 1991, p. 68.

② Stevenson L. , "Frege's Two Definitions of Quantification", *The Philosophical Quarterly*, Vol. 23, No. 23, July 1973, p. 207.

定理出现，让人们逐步意识到研究逻辑的两种方法——语义学的方法和句法学的方法，不是两种孤立的方法，相反地，语义学的研究和句法学的研究是相互联系的，而其联系的接点就是量化理论，一个形式系统中的量化的一些基本概念，如量词域、满足等选取的范围不同，会使得逻辑的句法系统的元理论性质发生根本的变化，而这些元理论是逻辑学关注的重点，甚至决定了逻辑学的范围和逻辑的性质。从 20 世纪 30 年代开始，量化理论逐步成为逻辑的核心理论，并成为逻辑学家们进行逻辑分析的基础工具。

随着研究的深入，逻辑学家们逐渐发现，量化理论不仅与逻辑密切相关，而且与很多的哲学问题，如真、指称、同一、谓述等密切相关，不同的量化理论将会导致对这些哲学问题的不同的观点。从 20 世纪 40 年代开始，对象量化和替换量化之争开始出现。蒯因倡导对量词进行一种对象量化式的解释：设 σ 是模型 $\coprod$ 上的一个赋值，相对于论域 A，一个全称量化式 $\forall x\psi$ 是真的，当且仅当对于 A 中的每一个对象 a，都有 $\psi^{\sigma(x/a)}$ 是真的；一个存在量化式 $\exists x\psi$ 是真的，当且仅当对于 A 中的某个对象 a，$\psi^{\sigma(x/a)}$ 是真的。在这种对量词的解释中，为了解释量词，我们就必须涉及量词所涉及对象的范围 A（量词域），以及名字所指称的对象。蒯因认为，只有具有指称功能的个体词才能构成量词的域，因此也只有个体词所指的对象才是我们谈论真值的基础。量化由此与本体论以及指称、同一、真等理论密切相关。对象量化坚持对个体域的量化，并且在对象量化中，逻辑哲学的几个核心概念——指称、谓述、真与同一都紧密联系，以至于不可能把它们任何一个拿出来单独讨论，这也构成了对象量化的最大特点。蒯因的量化理论实质上是一阶量化，正是从一阶量化的观点出发，蒯因对模态谓词逻辑进行了严厉的批评，认为对模态语境进行量化将会导致一系列的理论困难，如指称不明、存在概括规则失效、承诺本质主义等。

蒯因的批评和质疑对模态谓词逻辑的发展提出了巨大的挑战，卡尔纳普在评述模态谓词逻辑的发展历程时，曾认为蒯因对模态谓词逻辑的打击是毁灭性的："如果不能消除这些困难，没有任何模态谓词逻辑能建立起来。"[1] 而鉴于模态逻辑对很多新兴逻辑类型的基础性作用，蒯因对模态谓词逻辑的批评也对很多的哲学逻辑分支提出了巨大的挑战，正如逻辑学家所指出的："蒯因的论证（指称晦涩——作者注）对表达信念、反事实条件句、可能性以及伦理学中的算子，如'……是必须的'，'……是允许的'都是适用的，蒯因的这个论证如果是正确的，这些领域都将因此坍塌，其带来的结果将是毁灭性的。"[2] 蒯因对模态谓词逻辑的批评促使了模态逻辑的研究从句法系统的研究向语义研究的转向，甚至模态逻辑和高阶逻辑就是在不断回应蒯因挑战的过程中前进。

面对蒯因的质疑，支持模态逻辑的逻辑学家提出了各种解决方案，其中以马库斯和克里普克所倡导的替换量化理论最为著名。设 ψ 是一个只有一个自由变元 x 的公式，一个全称量化式 $\forall x\psi$ 是真的，当且仅当 ψ 的所有替换例都是真的，一个存在量化式 $\exists x\psi$ 是真的，当且仅当至少有一个 ψ 的替换例是真的，其中 ψ 的替换例指的是用 x 的一个语言表达式替换掉 ψ 中的 x 所得到的句子。替换量化坚持对语言类的量化，整个量化式的真只是与替换例的真相关，而不再涉及变元的值、指称以及量

---

① Carnap R., "Modalities and Quantification", *The Journal of Symbal Logic.* Vol., 11, No., 2, 1946, p. 64.

② Lindstrom S., Segerberg K., "Modal Logic and Philosophy", Blackburn P., Benthem J., Wolter F. (ed.), *Handbook of Modal Logic*, Amsterdam and Boston: Elsevier, 2007, p. 44.

词域。替换量化意图割断量化与本体论和指称之间的关系，并提出了新的关于真的理论和同一的理论。在这样的替换量化的解释下，存在概括规则不再失效，对指称不明的语境也可以进行量化。

尽管一直到现在，关于对象量化和替换量化的争论都没有定论。但研究者都一致认为，对象量化和替换量化对量词的解释都不是任意的，不同的量化理论会带来不同的哲学后果和逻辑后果。蒯因坚持的对象量化其本质是一阶量化，即对个体域的量化。这种量化已经被证明具备完全性，也具有斯科姆定理所谓的可证性。蒯因重视逻辑系统的完全性和可证性，实际上反映他对逻辑的观念，以及他对逻辑领域的界定。而高阶逻辑和模态逻辑的倡导者尽管知道这些逻辑系统不具备这些重要的元理论性质，而仍选择坚持发展这些逻辑系统，其实也体现了他们对逻辑的另一种看法和对逻辑的领域的另一种界定。

四 本选题的研究思路和基本内容

本书试图以蒯因的观点为视角，探讨量化理论与本体论承诺、指称、同一以及逻辑的范围等问题的关系，并进而对量化理论的意义与价值进行反思和总结。

首先，量化理论是现代逻辑中对量词进行语义解释的理论，而现代逻辑中的量词具有自己的独特特点。因此，在前言部分，笔者将通过对亚里士多德和弗雷格有关量词的观点进行对比，并解释现代逻辑中量词的特点。在此基础上笔者将简介现代逻辑中的量化理论，以及对象量化和替换量化两种不同的量化方案。

其次，本书将探讨蒯因的对象量化理论，以及这样的量化理论具有怎样的特点。蒯因并没有专门的论文来探讨自己的对象量化理论，但他几乎所有的哲学理论都是以对象量化为基石的。"存在就是成为一个变元的值"、"没有同一性就没有实体"、"解释模态逻辑的几个问题"是蒯因哲学的三个重要而又相互联系的议题，它们分别表达了蒯因关于本体论承诺、指称、同一、真的看法和观点，而在这些观点中，坚持对象量化是其思想的主线，因此，本书的第二、第三、第四章分别以蒯因的这三个哲学议题为中心，一方面探讨蒯因关于本体论承诺、指称、同一以及真的思想；另一方面则探究和分析量化理论与这些哲学观点之间的联系。

再次，本书将讨论与蒯因的对象量化理论相反的另一种量化理论——替换量化，分析这样一种量化理论的做法和基本思想，以及它与对象量化理论的分歧所在。替换量化的倡导者认为，蒯因关于模式字母和变元的划分过于人为，并且也不是必要的，因为我们完全可以不用假设对象所指称的非语言的实体就可以进行量化，一个全称量化式是真的，当且仅当所有的替换例是真的，一个存在量化式是真的，当且仅当有替换例是真的，全称量化式和存在量化式可以分别被看作其所有替换例的合取和析取。替换量化理论不再要求每一种语言表达式都要指称一定的对象或实体，而只是在语言范围内解决量化的问题。这样一来，量化与指称和同一性这些在蒯因看来密不可分的关系就被替换量化所消解，并且在替换量化的解释下，高阶逻辑和模态逻辑都拥有了自己的合法地位。

复次，本书将对两种量化方案进行反思。对象量化和替换量化是两种不同的对量词进行语义解释的方案，不同的量化方案将会导致关于逻辑的不同的范围的界定和对逻辑的性质的不同的理解，甚至不同的量化方案也将会导致人们对真、指称、意义等重要哲学问题的不同的意见和理论。要评价这两种量化方案孰对孰错，我们要面对这样四个问题：对象量化与替换量化的根本分歧是什么？替换量化是扩大了量词域还是消解了量词域？替换量化是否真正避免了本体论承诺？对象量化和替换量化是否都独立地构成一种语义解释理论？这四个问题之所以成为评价两种量化方案的核心所在，是因为：第一，如果两种量化之间根本不存在分歧，那么讨论哪一个方案是正确的这个问题本身会变成无意义的。第二，只有真正知道了替换量化视域下的量词域的本质，知道替换量化是扩大了量词域还是消解了量词域，我们才能真正懂得替换量化的本质，进而我们才能对量化与指称的问题作进一步的思考。第三，本体论承诺的问题归根到底是指称的问题，替换量化是否真正做到了避免本体论的承诺，这个问题关系到量词域、本体论承诺和指称之间的关系。第四，本书将判断和反思替换量化是否构成了一种独立的语义解释，如果替换量化能够在消除本体论承诺或者指称与量化理论的联系的基础上，给出一个令人满意的量词解释的理论的话，那么，替换量化理论确实就构成了一种独立的语义学理论。至于对象量化与替换量化究竟哪一个方案是正确的，这个答案也就建立在对这四个问题的回答之中。

最后，本书将通过量化理论与指称、同一、逻辑的范围等概念之间的联系，分析总结量化理论的意义与价值，并进而反思逻辑与哲学之间的关系。

第二章

"存在就是成为一个变元的值"

　　"存在就是成为一个变元的值（To be is to be a value of a variable）"，是蒯因关于本体论承诺的一个广为人知的口号。本体论是蒯因哲学的重要组成部分，本体论问题也是蒯因自 20 世纪 30 年代到其生命终止所一直关注的主要哲学问题。蒯因关于本体论有三个主要的议题：本体论承诺、本体论的还原和本体论的识别。关于本体论承诺，蒯因认为，在一个量化式中，只有变元才是唯一表示指称的位置，为了寻求整个量化式的真，我们只需探寻可以代入约束变元的语言表达式的指称而无须探寻模式字母的指称。量化理论的这种明晰而又精确的表达方式可以用来衡量一个理论的本体论承诺，一个理论的本体论承诺就是为了使得该理论为真的约束变元的取值，因此，存在就是成为一个变元的值。

　　本体论承诺与本体论是两个不同的概念。变元的值是衡量一个理论承诺什么存在的标准，而不是衡量什么东西存在的标准，前者是一个语言的问题，而后者是一个事实的问题。在本体论承诺理论中，蒯因第一次将量化的理论运用到对古老的本体论问题的讨论当中，并重新构造了本体论的阐述方式，从而使得本体论问题呈现出新的面貌。作为一个分析哲学家和逻辑学家，蒯因为克服逻辑经验主义对形而上学的普遍敌视做出了重大的贡献，并为 20 世纪 50 年代以后的分析哲学提供了本体论研究的基本框架。

关于蒯因的本体论承诺，本书将讨论四个问题：（1）用单称词以及谓词表达存在的理论困难；（2）蒯因如何用一种逻辑的方式来解决本体论承诺的问题；（3）从本体论到本体论承诺，即蒯因为什么要用逻辑的方式讨论本体论问题；（4）量化与本体论承诺的关系。

一　用名字表达存在的理论困难

本体论（ontology）是西方哲学的一个核心问题，也是西方哲学特有的一种形态。从词源学上讲，"ontology"一词来自希腊文词根"on"，而"on"相当于引文中不定式 to be 的希腊文 einai 的中性分词，因此从字面上可以说，ontology 就是一门关于"being"的学问。从古希腊开始，"being"就被哲学家视作表达最普遍对象的概念，亚里士多德甚至把形而上学定义为研究"是之为是（being as being）"的学问，因此，本体论作为研究最具普遍性的事物的学问，甚至与形而上学是同义语。在哲学发展史上，基于人们对"being"理解的不同，在不同的哲学理论框架中，本体论这一范畴蕴涵着不同的思想内容和历史的规定性。但毋庸置疑的是，本体论始终处于哲学的核心地位。本体论也因此被称为纯粹哲学或"第一哲学"①。关于本体论，不同的哲学家提出了不同的观点并且因为观点的不同而争执不断。而面对本体论，蒯因关心的问题是：我们如何衡量一个理论在承诺什么东西存在，即在什么情况下，我们可以断定一个

---

① 俞宣孟：《本体论研究》，上海人民出版社 2012 年版，第 10—14 页。

理论预设了某个或某类特定的事物？

人们常常是在两个层面上谈论存在：日常语言的常识层面和本体论层面。在日常的语言交流中，一个实在论者可以承认"院子里有一只兔子"这句话是真的，而在理论的层面却否认有任何兔子的存在，从而认为这不过是一种通俗而容易导致误解的说话方式；一个唯名论者可以在日常交流中承认 10 与 20 之间存在着素数，而在本体论层面否认有任何的数存在。因此，关于存在，人们总是从两种意义上来理解存在：常识的层面和理论的层面。与此相联系，哲学家在广义和狭义上讨论"存在"：最广义上的关于"是"的讨论和狭义上的关于"存在"的讨论。而面对这种情况，蒯因却否认"存在"这个语词具有这样的不同的含义。在蒯因看来，本体论的问题归根结底是关于语言框架的问题或者概念框架的问题，一个唯名论者或者实在论者在两种不同的层面谈论存在只不过是在享用承认这些对象的好处，而又不遭受容忍这些对象的难处。进而蒯因也拒绝在"是"与"存在"之间作出区分，蒯因认为正是对"存在"一词的不断细化分析才导致了本体论问题的日趋复杂和烦冗而且不得要领，因此蒯因强调在他的理论中，他用"是"来代表对"存在"的一切讨论，而"存在"在蒯因看来，就是"There is（有）"。

可以看出，蒯因这样对本体论承诺提出问题的方式使得本体论与科学理论紧密地联系起来：本体论承诺并不是在日常语言的意义上谈论存在，而在是科学理论的层面讨论一个理论的本体论预设。一个科学家关注的可能只是毛鼻袋熊、独角兽或 10 与 20 之间的素数这样的具体对象是否存在的问题，而哲学家则在科学家讨论的基础之上讨论类、数、命题等。哲学家们所关心的本体论问题和科学家关注的问题只是范畴的广度不同。而哲学家对本体论的讨论就是促使科学家反思自己所使用的语言及其语言框架，并进而促使科学的基本概念框架的修正和改进，用蒯因自己所说的话就是："本体论研究的任务就是对科学家们非批判地接受物理对象本身或者接受类等的做法加以仔细的审查，揭示出隐秘未明的东西，明确含混不清的东西，揭露和解决悖论，解开纽结，去除赘物，清除一切本体论的劣质品。"①

本体论的核心问题是：何物存在？而关于何物存在，从古希腊开始，哲学家的观点各不相同，因此哲学史上关于本体论的讨论一直没有停止过，且这些争论日趋复杂而艰涩。一般而言，传统哲学关于本体论的一个基本看法就是，当我们给事物命名（naming）时，我们实际上就承认了那个或那类事物的存在，如当我们给一个小孩命名为"司各脱"、给一类动物命名为"狗"、给一种颜色命名为"白色"的时候，我们就是在承认它们各自所命名的事物是存在的。从古希腊哲学到中世纪的经院哲学，再到近代的逻辑实证主义哲学，无论哲学家关于本体论的观点多么不相同，其所遵循的一个基本的做法就是用名字来承担存在的问题，而其关于本体论观点的不同，也因此表现为命名对象的差异：对于持唯名论观点的哲学家而言，他们只承认个体词是在命名，普遍词只是表述个体的方式，而非命名；而对于一个持实在论的哲学家而言，只能对共相命名。因此，传统哲学的一个普遍的做法和观点就是认为存在的问题是由名字来承担的。

蒯因认为，用名字来表达存在，相信名字总是指称一定的对象，是传统哲学陷入困顿的一个重要原因，并且这样的观点

---

① Quine, *Word and Object*, Cambridge: the MIT Press, 1960, p. 275.

使得本体论问题的讨论越来越复杂且不得要领。因为用名字表示存在的做法存在一系列的理论困难。

第一，用名字表达存在，无法解决从柏拉图时代就开始困扰本体论的一个基本问题——如果存在是由名字承担的话，像飞马、独角兽这样的名字又代表什么呢？这些非存在（nonbeing）是不是一种存在？从古希腊时代，哲学家就已经发现对非存在的言说会引起诸多误解。非存在在一定意义上是存在的，否则那个不存在的东西又是什么呢？正是基于这样的想法，有些哲学家认为，像飞马这样的东西必定是存在的，因为如果假定飞马不存在的话，那么我们使用这个语词并没有谈到任何东西，因此，即使说飞马不存在，那也是没有意义的。有些哲学家甚至进一步断言，飞马是作为"未现实化的可能事物"而存在，是一种虚存（subexistence）。这样一来，我们所谓的"存在"相对于"虚存"而言，意味着占据着一定空间时间的存在。而蒯因认为，把存在分为"实存"和"虚存"的观点是不能接受的。首先，"存在"并非意味着时空性，比如肯定 27 的立方根的存在，就没有时间和空间上的所指；其次，在"虚存的事物"即可能事物之间无法谈论同一性。蒯因以一种生动的比喻的方式来说明可能事物的同一性问题："在门口那个可能的胖子；还有在门口那个可能的秃子。他们是同一个人，还是两个可能的人？我们怎样判定呢？在那个门口有多少可能的人？可能的瘦子比可能的胖子多吗？他们中有多少人是相似的？或者他们的相似会使他们变成一个人吗？没有任何两个可能的事物是相似的吗？这样的说法和说两个事物是不可能相似的，是一样的吗？最后，是否同一性这个概念干

脆就不适用于未现实化的可能事物呢?"① 因此,蒯因认为,
谈论那些不能够有意义地说它们和自身相同并彼此相异的事物
是一种没有意义的行为。最后,像"伯克利学院又圆又方的屋
顶"这样的事物又是怎样的存在呢,难道要相对于"能现实
化的可能事物",进而承认"不能现实化的可能事物"吗?持
虚存观点的哲学家或许会说这样的表达是无意义的,但蒯因认
为这样的做法更不可取,如何区分有意义和无意义的表达是没
有任何客观的标准的?蒯因认为,正是对非存在的思考使得关
于存在的问题日趋复杂和烦冗,而且不得要领。蒯因曾形象地
把非存在的问题形容为"柏拉图的胡须",认为正是表达非存
在的词项的存在,使得本体论问题愈加复杂,并把奥卡姆的剃
刀都弄钝了。

第二,用名字表达存在,会使人们忽略那些没有名字的事
物。如果一种语言包含了每一个对象的名字,即每个事物都有
自己的名字,那么用名字表达存在是一种适宜的方法。但如果
一种语言中对象是无限的,并且是不可测定的(unsurvey-
able),即我们没有有效的方法来为每一个对象命名,那么对
于这样的语言,仅用名字来表达存在,这样的本体论是不足
信的。

蒯因认为,用名字表达存在这种错误看法的根源就在于混
淆了意义与指称。意义是关于句子以及语词含义的理论,而指
称则是关于语词表达式与其表达的外部世界的对象之间的关
系。意义是与指称不同的,"暮星"和"晨星"指称的是同一
个外部世界的对象,但这两个语词却具有不同的含义。"飞
马""伯克利礼堂又圆又方的屋顶"这样的语词具有含义,但

① Quine, "On What There Is", *From a Logical Point of View*, Cambridge: Harvard University Press, 1980, p. 4.

在语言之外的外部世界里却没有与之对应的对象，即没有指
称。而传统哲学却将语词所具有的这种含义当作语词所指称的
对象，并进而认为相应于每一种含义总有一个对象与此相对
应，在此基础上则把个体词和普遍词这样具有含义的语词都看
作在指称相应的对象，并且是在命名。而实际上，使用一个个
体词，并不必然导致在本体论上承诺相应的一个对象；使用一
个普遍词，也并不必然导致对共相存在的许诺，因为一个人可
以有意义地承认有红的房屋、玫瑰花和落日，但否认它们有任
何共同的东西被 "红（redness）" 这个词命名。也正是在此意
义上，蒯因把古老的关于个体与共相之争称为一种 "虚假的本
体论偏好"①。

二 用一种逻辑的方法解决本体论问题

既然用名字表达存在会有一系列的理论困难并且使得本体
论问题日趋复杂而不得要领，蒯因决定用逻辑的方法来表达存
在的问题。在经典逻辑中，在一个量化式中，只有变元才是唯
一的表达指称的位置，为了寻求整个量化式的真，我们只需探
寻约束变元的值而无须探寻其他字母的值。而在量化式中，存
在量词 "∃" 是专门设计出来用来表达日常语言中的 "有
（there is）" 的装置。于是，蒯因将经典逻辑中的量化理论引
入对本体论的思考中。我们如何衡量一个理论在承诺什么东西
存在，即在什么情况下，我们可以断定一个理论预设了某个或
某类特定的事物？蒯因的回答是：为了使得这个理论为真的那
些变元的取值。正是在这种意义上，存在就是要成为一个变元

---

① Quine, *Word and Object*, Cambridge: The MIT Press, 1960, p.238.

的值。

在"存在就是成为一个变元的值"这句话里，"变元的值"是一个核心的概念，"变元"及"变元的值"是理解蒯因本体论承诺的关键性用语，而这两个概念和量词以及量化理论密切相关。蒯因是在现代逻辑的意义上使用变元和变元的值这两个概念的。而在现代逻辑里，想了解什么是变元以及变元的值，我们必须回到弗雷格，从其构建量词的过程中，分析变元和变元的值两个概念是如何被提出的，以及什么是变元和变元的值。

（一）蒯因对变元的重新界定

变元和变元的值两个概念是现代逻辑中的量化理论的关键性术语，而现代逻辑的量化理论建立在将函数引入逻辑表达的过程中。在哲学史上，弗雷格第一次将函数这个数学上的基础概念引入对句子的结构分析当中去。弗雷格澄清了当时数学界关于函数的各种误解和错误用法，认为在数学上，相对于数而言，函数的最大特点就是其不饱和性。对于一个形如 fx 的函数而言，f 的主要特点就其需要用数字来补充[①]。在函数 fx 中，x 并不是函数的一个组成部分，我们也可以把 fx 理解为 f（），x 在函数中的作用相当于一个空位，用来表示可代入内容的位置。每一次对 x 的代入，fx 都会产生一定的结果，这就是函数的值。

在此基础上，弗雷格对函数进行了两个方向的扩展[②]，一

---

① 参见［德］弗雷格《什么是函数》，载《弗雷格哲学论著选辑》，王路译，商务印书馆 2006 年版，第 46—55 页。

② 参见［德］弗雷格《函数和概念》，载《弗雷格哲学论著选辑》，王路译，商务印书馆 2006 年版，第 64—67 页。

方面，弗雷格在函数表达式中引入 =、>、< 这样的符号，使得相对于自变元的每一次代入，总会产生相应的真值或假值。另一方面，是自变元的取值范围的改变，不仅允许数的出现，也允许一般对象的出现。这样一来，"逻辑中称为概念的东西与我们称为函数的东西十分密切地联系在一起，人们确实完全可以说，一个概念是一个其值总是一个真值的函数"①。具体而言，弗雷格把句子分为两部分，一部分是饱和的、完整的，而另一部分是不饱和的、需要补充的，对此，弗雷格还以加着重号的方式给予说明："如果在一个其内容不必是可判断的表达式中在一个或多个位置上出现一个简单的或复合构成的符号，并且我们认为在所有位置上或在几个位置上可以用其他符号、但是只能是到处用相同的符号代替它，那么我们就称这里表达式所表现出的不变部分为函数，称可替代的部分为自变元。"② 如对于"月亮是与自身相等的"这个句子而言，"月亮"就相当于可替代的部分，而"……与自身相等的"是不变的部分，弗雷格把后者称为"函数"，而前者是这个函数的自变元。

在将一个句子分为这样两部分之后，弗雷格接着分析了句子中经常出现的"所有"、"有些"等表述数量的语词，正是在考察这些语词的过程中，变元的概念第一次出现。弗雷格认为，"所有"、"有些"这些语词并不应该像我们以前在传统逻辑中所理解的那样，这样的语词与紧跟其后的概念词相联系。表明了概念词所包含的数量，而实际上，这样的语词位于概念

---

① ［德］弗雷格：《函数和概念》，载《弗雷格哲学论著选辑》，王路译，商务印书馆2006年版，第66页。

② ［德］弗雷格：《概念文字：一种模仿算术语言构造的纯思维的形式语言》，载《弗雷格哲学论著选辑》，王路译，商务印书馆2006年版，第23页。

词之间，用来约束整个句子，表示概念之间的关系的范围。如"所有事物都是与自身相等的"，这个句子中的"所有"并不表示"所有的事物与所有的事物相等"，"所有"在这里表示的是"月亮是与自身相等的"、"2 是与自身相等的"等，"所有"在这里表达了"……与自身相等"这个概念所涉及的范围。于是，弗雷格创造了一种独特的符号来表达量词，出于印刷方便的考虑，现代逻辑用符号 $\forall x$ 的方式来表示全称量词，于是，"所有事物都是与自身相等的"就可以表示为 $\forall x\ (x = x)$，即"对任一对象而言，它都与自身相等"。需要强调的是，在现代逻辑里，量词总是和变元联系在一起，变元表明量词所约束的范围，在 $\forall x\ (x = x)$ 表达式中，$\forall$ 所约束的就是紧跟其后的部分，即 $x\ (x = x)$，x 表示代入内容的位置，被称为变元。

在后来的现代逻辑教科书里，有时候会把量化式中除量词和命题连接词以外的所有的字母都称作变元，如谓词变元、命题变元等，这是一种笼统的叫法。

在区分函数和自变元的基础之上，弗雷格进一步区分了专名、概念词和句子的含义和意谓。在弗雷格看来，句子的含义是一个思想，专名和概念词的含义共同构成了这个思想。专名的意谓是对象，概念词的意谓是概念，句子的意谓是真值。需要说明的是，对于专名和概念词的含义，虽然弗雷格一直强调它们有含义，但对其含义到底是什么却没有明确地表达，对于专名的含义，弗雷格强调其就是专名的"给定方式"，并认为"相应于符号，有确定的含义，相应于这种含义，又有某一意谓"[①]。也许在弗雷格看来，含义决定意谓，通过一个专名的

---

① ［德］弗雷格：《论含义和意谓》，载《弗雷格哲学论著选辑》，王路译，商务印书馆 2006 年版，第 97 页。

含义，我们知道其所意谓的对象，而意谓才是弗雷格所关注的与逻辑有关的东西。在概念词方面，情况是类似的，虽然弗雷格一直强调概念词有自己的含义，但他并没有确定地指出概念词的含义是什么，对于概念词，他更强调的是概念词的意谓即概念。弗雷格认为概念的最重要特点是其谓述性，即不饱和性，用专名代入概念词会形成一个思想，而"逻辑的基本关系就是一个对象处于一个概念之下的关系；概念之间的所有关系都可以划归为这种关系"①。

虽然对于专名和概念词的含义，弗雷格没有确定的定义和论述，专名的含义问题甚至成为以后哲学家争论的重要话题。但是通过弗雷格，我们还是可以清晰地看出语言与语言所表达的东西两个层次的区分。专名、概念词和句子都是语言层面的东西，而对象、概念和真值则是语言所表达的东西，通过句子所表达的思想，我们来探寻真，通过含义来探寻意谓，因为逻辑以真为目的，并且科学最重要的任务是探寻外部世界。从语言出发，来探寻语言所表达的东西，这正是语言哲学的主要任务。变元和变元的值正是语言与语言所表达的东西两个层面的东西：变元的值正是变元所表达的东西。

尽管区分了专名、概念词和句子以及它们的意谓，但是关于什么语言表达式可以代入变元的位置，弗雷格并没有明确的规定。在《函数和概念》里，弗雷格认为可以代入自变元的是"没有限定的对象"，即量词域是由没有限定的各种各样的对象组成的。而按照弗雷格理论，对象是专名所意谓的东西，与专名所对应的一般是个体。因此，变元的值实际上就是个体，量词域是由个体所构成的，这是弗雷格关于变元的值的看

① ［德］弗雷格：《对含义和意谓的解释》，载《弗雷格哲学论著选辑》，王路译，商务印书馆 2006 年版，第 120—121 页。

法。而在实际做法中，弗雷格在第一层函数的基础上构建了第二层函数，而第二层函数是以第一层函数为变元的函数，第二层函数的量词域必然要涉及个体以外的抽象实体。

面对这种状况，蒯因一反以前的逻辑学家把所有字母都笼统地叫作变元的做法，对变元进行了严格地限定。蒯因把形式语言中的字母（letter）分为两类：模式字母（schematic letter）和变元（variable），其中，模式字母只是为了显示句子的结构，如一阶量化中的谓词字母 F、G 以及表达命题的字母 p、q 等，而变元是被量词所约束的字母，如 x、y 等。可以看出，蒯因划分模式字母与变元的标准，主要是根据字母是否被量词所约束：被量词约束的字母是变元，不被约束的字母则统统被称为模式或图式。这样一来，一个相同的字母，在不同的逻辑系统里，其所属的种类也会发生改变，如谓词字母 F、G 等，在一阶逻辑里，F、G 不被量词所约束，因此是一阶逻辑系统的模式字母，而在高阶逻辑里，F、G 等被量词所约束，则它们是高阶逻辑的约束变元。

对于 p、q 以及诸如此类的模式字母，蒯因认为，没有必要把它们看作陈述的名称，也不必把 p、q 等看成取以陈述为名称的东西为值的变元，因为它们不被量词所约束。F、G 在这里也不是在给相应的共相或类命名。模式字母只是用来显示句子的结构，因此对于模式字母我们只要知道可以代入的相应语言表达式就可以了。而变元 x、y 等则不同，在蒯因看来，约束变元（即蒯因所谓的变元）在一个量化式中相当于一个代词功能——表示名字代入句子中的位置。为了探寻整个量化式的真值，我们必须探寻可以代入约束变元的语言表达式的指称："量词'（∃x）'和（x）意指'某个事物 x 使得'和'每个事物 x 都使得'。被称作约束变元的 x，在这里更像是一个代词，它在量词中被用来确定量词相互指涉的范围，然后它被用在紧接着的部分，反过来指涉相关的量词。量化和语言之外的事物（无论它们是共相还是殊相）的联系就在于，一个量化陈述式的真值通常都部分地取决于我们把什么算作'某个事物 x'和'每个事物 x'的所适用的事物的范围，即取决于该变元的取值范围，说经典逻辑研究共相或肯定共相的存在，不过是说经典逻辑需要用共相作为约束变元的取值范围。例如，对于量化式（∃x）（x 是一个素数·x > 1000000），我们说的是有个是素数并且大于 100 万的事物；而任何这样的事物都是一个数，因而是一个共相。一般而言，当且仅当某类事物中的某些对象必须算作变元的值才能使得该理论所肯定的那些陈述为真，该类事物被一个理论所假定。"① 在蒯因的著作中，(x) 表示全称量词 ∀x，这种用法至今还仍被采用。而 "·"在蒯因的著作中是表示合取的符号，与现代逻辑中的合取连接符号 "∧" 含义相同。从这段话里，我们可以看出量词域和约束变元关系密切。约束变元被用在量词表达式中，与量词有相互指涉的关系：通过约束变元的作用，我们可以知道一个量词的辖域，这是一种句法形式上的联系。在此基础上，量词域和约束变元的值直接相关，一个量化式的真部分取决于约束变元的取值的范围，即量词域。对于量化式（∃x）（x 是一个素数·x > 1000000）而言，如果量词域中包含了数，那么这个量化式可能为真（可能为真，而不是必然为真，是因为我们只是假定量词域中包含了数，而并没有进一步设定量词域包含了大于 1000000 的素数），而如果量词域中根本不包括数，那么无论如何，量化式也不可能为真。因此，为了探寻一个量化式的

① Quine, "Logic and the reification of universals", *From a Logical Point of View*, Cambridge: Harvard University Press, 1980, pp. 102 – 103.

真，我们必须要探寻代入变元的语言表达式的指称，即量词域。量词域与变元的值密切相关，就像弗雷格所言，"正是对真的追求驱使我们从含义进到意谓"①。

问题是，探寻一个量化式的真的时候，是否只是需要探寻可以代入约束变元的语言表达式的指称及其范围，而不用探寻量化式的其他组成部分即模式字母的指称和范围？蒯因的回答是肯定的。在蒯因看来，量化式和语言之外的世界唯一联系的结点就在于量词域。量化式中唯一与指称有关的、需要涉及语言之外的东西的就是约束变元，这也是我们卷入本体论的唯一途径。而对于模式字母如 p、q、F、G 等，我们只要知道可以代入的相应语言表达式就可以了，而不必假设模式字母在给相关的命题和属性命名。使用了一个谓词，并不意味着我们在承认具体事物之外，还承认着由这个谓词表示的共相，有的哲学家认为，当我们说玫瑰花是红色的时候，我们就在承认有红色玫瑰花的同时，还承认了有红色（redness）这样的一个共相。而蒯因认为，这种看法的错误就在于把谓词也看作名字，从而要在语言之外的外部世界中寻找共相，即寻找普遍词所指称的对象。而实际上，对谓词的使用并不必然导致对共相存在的许诺——"一个人可以承认有红的房屋、玫瑰花和落日，但否认它们有任何共同的东西被'红性'这个词命名"②，因此对于表示谓词的模式字母，我们只要知道其可以代入的语言表达式就可以了，而无须假定语言之外还存在相应的共相，也无须关注和假定模式字母的论域和范围。

---

① ［德］弗雷格：《论含义和意谓》，载《弗雷格哲学论著选辑》，王路译，商务印书馆 2006 年版，第 103 页。

② Quine，"On What There Is"，*From a Logical Point of View*，Cambridge：Harvard University Press，1980，p. 10.

　　在此基础上，蒯因对量化式的读法也进行了重新的界定。对于形如 ∀xFx 的量化式，很多人不加区分地读作"对任一事物 x 而言，x 是 F（∀xFx）"，或者"对任一事物 x 而言，x 属于 F［∀x（x∈F）］"，对于很多人而言，这是关于同一个量化式的相同的读法。而蒯因却反对后一种读法。因为后一种读法实际上假设了类的存在。而在蒯因看来，对于量化式而言，对约束变元的取值的考虑是我们唯一卷入指称的方式，而模式字母不过只是我们讨论语言的一种手段，因此，对于模式字母我们不用探究和假定其在语言之外的对象和范围。

　　蒯因之所以对形式语言的字母进行严格的划分，是基于他对逻辑的看法：逻辑是题材中立的，在没有经过解释之前逻辑不预设任何的哲学论点，也不预设语言之外的任何东西。当我们说有的狗是白的，我们可以用量化式表示为 ∃x（Dx∧Bx）（有事物是狗，并且是白色的；D 表示"狗"，B 表示"白色"），在量化式的层面，我们使用了"狗"和"白色"这样的概念词，但我们并没有许诺像狗类或白色这样的抽象物，我们仍然可以有意义使用这些模式字母，而无须假设它们在语言之外一定有一定的抽象物与之相对应。对蒯因来说，这是其关于逻辑的一个基本看法：一方面，逻辑是题材中立的，没有经过解释之前逻辑是不预设任何抽象物的；而另一方面，即便逻辑理论经过量化解释与指称以及语言之外的事物发生了联系，我们也不能把特殊的本体论预设强加给理论中那些无关的部分。对蒯因而言，唯一使得我们卷入对语言之外的东西的考虑和承诺的是对约束变元的值的考虑。

　　蒯因的这种对形式字母的严格划分，也被有些哲学家及逻辑学家所质疑，这些哲学家认为，蒯因的这种区分其实就是为了自己的唯名论哲学立场辩护，即只承认个体是真实存在的事物，这实际上是对蒯因观点的误解，首先，蒯因并不是一个严格的唯名论者，虽然早年的时候，蒯因有非常明显的唯名论倾向，并和哲学家古德曼写过《走向建设性的唯名主义》，但蒯因很快意识到唯名论的理论困难，开始接受类，实际上，蒯因在《何物存在》里的概念论的立场非常清晰：主张共相存在，但是在心造的程度上承认它们，因此蒯因并不是一个唯名论者。其次，蒯因从约束变元的角度来谈论语言之外的东西，并不是说代入约束变元的只能是专名，而约束变元的取值只能是个体，虽然蒯因确实坚持对个体的量化，并且反对其他抽象对象如属性、可能个体等进入量词域，但这是因为对同一性的关注和对外延主义的追求，而不是在进行约束变元和模式字母的划分的时候就把属性等抽象实体排斥在指称之外。实际上，对于蒯因而言，一个人承认语言之外存在属性等抽象物，其在使用约束变元时，让这些抽象物成为约束变元的值即可。

（二）消去个体词

蒯因认为，虽然本体论是任何理论都预设的问题，但如果不以合适的方式，本体论问题是不会被恰当地引发出来的。这是因为很多理论并不是用量化的方式表达的，因此其中哪些对象是约束变元的值是不清楚的。当我们用量化的方式来对这些理论和日常语言进行反思时，常常会遇到各种反常和冲突。也许对于日常言语行为而言，这样的反常如模糊性、歧义性以及各种指称失败并不会造成严重的困难，但是在科学和哲学领域，这种日常语言的反常和冲突会使得理论复杂化，并使得本体论问题模糊不清。因此，需要有一定的程序和方法将日常语言不规则的表达方式转化为量化表达式，从而来识别其本体论的承诺。而消去个体词和语言整编就是蒯因衡量一个理论的本体论承诺的重要步骤。

关于如何消去名字，蒯因借鉴的是罗素的摹状词理论里的做法。在摹状词理论中，像"《威弗利》的作者"、"当今法国的国王"这样的摹状词，罗素把它们都称为限定摹状词，因为它们都用来指称一个特定的对象。罗素认为这些摹状词虽然在句子中都处于名字的位置，但是它们和真正的名字是有区别的。于是罗素的摹状词理论的核心就是怎样结合其所在的语句，用量化式的方式消去这些摹状词。对于形如"当今的法国国王是贤明的"的语句，其中就包含了"当今的法国国王"这样的摹状词，对于这样一个摹状词，罗素结合这个摹状词所在的语境，把它表达为三个句子的合取：（1）现在有一个法国国王；（2）至多有一个法国国王；（3）任何一个是当今法国国王的人都是贤明的。用量化式表示这些句子，就是 $\exists x (Fx \wedge \forall y (Fy \rightarrow (y = x)) \wedge Gx)$。在这个表达式中，因为（1）是假的，所以整个量化式为假。罗素用这样的处理摹状词的方式其实质就是借助于语境将摹状词消去。

蒯因认为，包含名字的语句可以借鉴罗素对待摹状词的方法消去。如"飞马"这个名字可以改写为摹状词"被科林斯勇士柏勒洛丰捕获的那匹有翼的马"，从而运用罗素对待摹状词的方式消去。这样一来，对于"飞马存在"这个句子而言，其量化式中变元所涉及的范围里没有一个取值可以使得这句话为真，因此整个句子就是假的。运用这样的方式，我们一方面可以有意义地谈论"非存在"，另一方面我们无须预设"飞马"所指称对象的存在，即无须有本体论上的相应承诺。

经过消去单称词和语义整编等步骤，一个句子中表达指称的唯一装置就是约束变元，约束变元在这里相当于代词的功能——每一次对代词的代入，都会使得整个量化式产生一个有真值的谓述。蒯因认为，无论是什么样的关于本体论的看法和理论，如果这个理论断定了一个事物或者一类事物的存在，那么为了使得这个理论为真，这个事物或这些事物必须处于量词的变元的取值范围之内并且代入后使得整个语句为真。而这个事物或这些事物就是这个理论在本体论上的承诺——"为了使一个理论所作的断定是真的，这个理论的约束变元必须能够指称那些东西，而且只有那些东西才是这个理论所承诺的"①。这样一来，蒯因认为，我们卷入本体论承诺的唯一方式就是使用量词和约束变元："我们的整个的本体论，不管它可能是什么的本体论，都在'有个东西'、'无一东西'、'一切东西'这些量化变项所涉及的范围之内，当且仅当一个被假定的对象处于我们的变元所涉及范围之内，才能使我们的断定为真，我们才对此作本体论的承诺。"② 对于蒯因来说，使用量词和约束变元是我们卷入本体论的唯一途径，因此，"存在就要成为一个变元的值（To be is to be a value of a variable）"。这样一来，蒯因认为表达存在的任务应该由存在量词来承担，"存在就是存在量词所表达的东西"③。

三 本体论与本体论承诺

本体论问题在蒯因的哲学思想中占据着重要的地位，本体论也是蒯因从 20 世纪 30 年代到其生命的尽头所一直持续关注的重点问题之一。在一次接受广播采访时，当被问及什么是哲

---

① Quine, "On What There Is", *From a Logical Point of View*, Cambridge: Harvard University Press, 1980, p. 13.

② Ibid. .

③ Quine, *Ontological Relativity and Other Essays*, New York: Columbia University Press, 1969, p. 97.

学家必须处理的最重要的问题以及如何对这些问题分类时，蒯因认为主要有两类课题是任何哲学的出发点："一类可称为本体论问题，即什么样的东西是存在的？为了证实这类东西的存在，我们必须回答存在本身又是什么含义？另一类是断言性问题，即为了证实存在是什么，有哪些问题的提出是有意义的？"① 可见，在蒯因看来，本体论以及对本体论的认识是哲学的重心和核心问题。蒯因关于本体论的思想可以分为三个方面：首先是本体论承诺，即一个理论承诺了什么东西存在以及如何判定一个理论承诺了什么东西存在；其次本体论的还原，即怎么把一种本体论还原为另一个，对一定的理论而言，什么样的本体论是最经济的；最后是本体论识别的标准，即如何判定实体之间的关系是同一的还是不同的。

本体论承诺和本体论是不一样的两个概念。"本体论"一词最早出现在经院哲学家的著作中，当时的经院哲学家在两种意义上使用"本体论"一词：一些哲学家把它解释为形而上学的同义语，另一些哲学家则认为它构成了形而上学的一个分支，后一种观点被后来的学者所广泛接受，"本体论"被当作研究存在的科学，并因而是形而上学的一个分支。本体论是形而上学的核心内容和基础内容，也是西方哲学特有的一种形态。而本体论承诺是关于一个理论的假设的问题。简而言之，本体论是关于何物存在（What is there）的学问。而本体论承诺是关于一个理论说了什么东西的问题，因此是一个与语言有关的问题。

蒯因认为，用存在量化式这样的语言方式分析本体论问题并不是一种语义学上的倒退。因为什么东西存在是不依赖于我们的语言的，但说什么东西存在，这几乎就是一个语言的问题。

---

① Quine, Magee B., "The Ideas of Quine", Quine D. & Follesdal D. (ed.), *Quine in Dialogue*, Cambridge: Harvard University Press, 2008, pp. 7–8.

将关于本体论之争日趋变为关于语言的争论，这样做的好处，一方面，可以解决关于非存在的言说，即不再将意义与指称混淆；另一方面，这样的做法可以使得我们为关于本体论的纷争提供一个语言的标准——观察各个理论的变元的哪些取值可以使得该理论为真，而这些取值就是该理论的本体论上承诺的对象。蒯因运用量化的方式分析本体论问题，指出当时数学哲学领域激烈争论的形式主义、逻辑主义和直觉主义分别对应了中世纪的唯名论、实在论和概念论，还认为从量化的角度看待这三种观点，它们之间的对立和冲突就变得平凡而简单，这样一来，通过对一个理论的本体论承诺的分析，人们开始意识到本体论问题绝不像逻辑实证主义者所宣称的那样可以取消和回避。蒯因对本体论承诺的讨论恢复了本体论在哲学中的位置，也使得形而上学问题在被逻辑实证主义拒斥后再次回归并复兴。

四　量化和本体论

变元和变元的值是量化理论的核心概念，变元是形式语言的组成部分，而变元的值是代入变元的语言表达式所指称的语言之外的东西。用变元的取值来衡量一个理论的本体论承诺，实际上就是在实现蒯因在 1939 年所提出的构想——用一种逻辑的方式来解决本体论的问题。量化理论在蒯因的本体论承诺理论中发挥着重要的作用。

本体论承诺关注的是：在何种意义上，我们认为一个理论承诺了某个或者某类对象？蒯因对这个问题的回答是：使用名字并不意味着本体论上的承诺，我们可以有意义地谈论"飞马"这样的非存在，并同时在本体论上否定有一个相应的对象的存在。我们也可以有意义地谈论红的落日、红的玫瑰花、红的房子，但在本体论上否认有"红"这样一个属性的存在。唯一使得我们卷入本体论承诺的途径就是使用量词。当一个理论中的语句包含"有些东西（something）"、"无一东西（nothing）"或者"所有东西（everything）"这样的量词时，为了使得这些语句为真的那些约束变元的取值，就是一个理论的所有的本体论承诺。

在经典逻辑中，量词与变元是紧密联系的。在现代逻辑中，虽然有的哲学家会把 F、G 这样的表达谓词的字母和 p、q 这样的表达命题的字母都叫作变元，前者被称为谓词变元，后者被称为命题变元。而蒯因已经澄清并重新界定了变元的定义，并认为只有被量词所约束的字母才能是变元（variable），而不被量词所约束的字母只是模式字母（schematic letter），变元和模式字母的重要区别就是为了探寻整个量化式的真值时，我们只需探寻可以代入变元的语言表达式所指称的对象，而无须探寻模式字母的指称问题。正是在这个意义上，量词是与约束变元密切相关的，在第一章里关于量词的部分，笔者已经指出，在弗雷格的概念文字中，量词是与变元一起出现的，弗雷格的量词概念也因此被称为量词—变元理论，量词与变元的密切关系是现代逻辑区别于传统逻辑的最重要特点。现代逻辑中量词的这种特点使得对量词的语义解释与对变元的值的探寻密切地联系在一起。设 σ 是模型 Ц 上的一个赋值，相对于论域 A，一个全称量化式 $\forall x\psi$ 是真的，当且仅当对于 A 中的每一个对象 a，都有 $\psi^{\sigma(x/a)}$ 是真的；一个存在量化式 $\exists x\psi$ 是真的，当且仅当对于 A 中的某个对象 a，$\psi^{\sigma(x/a)}$ 是真的。在这种量化中，为了解释量词，我们就必须涉及量词所涉及对象的范围 A（量词域），以及名字所指称的对象。而一个理论的本体论承诺就是为了使得该理论为真的变元的取值，正是在这个意义上，蒯因断定：存在就是成为一个变元的值。

变元和变元的值的区分，是对象量化的一个重要观点，而蒯因对本体论承诺问题的讨论正是建立在变元与变元的值的严格区分中。在对象量化理论中，变元在句子中相当于日常语言的代词的作用，可以用来代表名字代入的位置，而变元的值则是名字所表达的对象，而量化式就是关于这些对象的讨论。与此相对应的是，在替换量化中马库斯也会运用到"变元的值"这个概念，但在马库斯的理论中，"变元的值"也仅仅只是用来表示可以代入变元的语言表达式，而不是代入语言表达式所指称的对象，这种用法虽然借鉴了蒯因的做法，但是与蒯因的对"变元的值"这个概念的使用是存在根本区别的。变元是语言表达式，变元的值是语言所表达的语言之外的东西。正如哲学家林斯基所指出的那样："变元与变元的值的区分是对象量化的核心。"①

蒯因用量化的方法来分析本体论的问题，使得人们认识到逻辑方法在哲学讨论中的重要性，也使得人们认识到哲学问题与语言的使用密切相关，丘奇指出："蒯因指出在本体论问题中需要首先弄清楚逻辑问题，这是蒯因的重要贡献。"② 穆尼茨对于蒯因的本体论承诺的工作给予了充分肯定。③ 在穆尼茨看来，本体论承诺标准的规定和运用在蒯因的哲学理论中起了核心的作用。蒯因恢复了形而上学的方式绝不是"思辨的"和"超验的"——逻辑经验主义对这样的形而上学充满敌意。蒯因根据现代逻辑的基本原则，运用谓词演算（其核心是量化）在分析

---

① Linsky L. , "Two Concepts of Quantification", *Nous*, Vol. 6, No. 3, 1972, p. 228.

② Church A. , "Ontological Commitment", *The Journal of Philosophy*. Vol. 55, No. 23, 1958, p. 1008.

③ ［美］穆尼茨：《当代分析哲学》，吴牟人等译，复旦大学出版社 1986 年版，第 424—425 页。

语言结构方面的巨大的力量，重新构造了本体论的阐述方式，并把现代逻辑的明晰性和精确性代入对本体论问题的讨论中，作为一个分析哲学家和逻辑学家，蒯因为克服对形而上学的普遍敌视做出了重大的贡献。蒯因不仅恢复了古老的本体论问题，还为这个问题的解决提出了新的办法和标准，蒯因为 20 世纪 50 年代以后的分析哲学提供了本体论研究的基本框架和思路。

第三章

"没有同一性就没有实体"

弗雷格在其理论中虽然区分了专名和概念词，但他没有注意到，或者即便注意到也没有给予足够重视的一个现象是：对专名的量化和对概念词的量化之间存在差异。在弗雷格的逻辑系统中，变元的位置既可以代入个体词也可以代入概念词，而这两种代入对弗雷格而言都是合法的逻辑表达式。连带地，弗雷格认为量化作为一种纯逻辑的运算，任何形式的量化都属于逻辑，因此，弗雷格也并没有进一步地区分一阶逻辑与二阶逻辑以及高阶逻辑之间的区别。而到了 20 世纪，因为蒯因的工作，以及蒯因著名的本体论承诺的另一个口号——"没有同一性就没有实体"，由对个体词的量化人们开始关注量词域的问题，并由此开始关注个体词的性质以及个体词与指称和同一之间的关系。

"没有同一性就没有实体（No entity without identity）"，是蒯因本体论识别的标准：一个在本体论上的合法的实体或对象必须具有明晰的同一性标准，而只有那些具有同一性标准的语词才是在命名，才是在指称对象，因此在蒯因的理论体系中，同一性与指称紧密相关。在蒯因的同一性标准的要求下，只有具有明晰的同一性标准的个体词才被蒯因看作表达指称的装置。进而，也只有个体词可以代入量化式中的约束变元的位置。由此，同一、指称、个体词与量化密切相关。

在这一章里，笔者将讨论这样四个问题：（1）什么是同一，这一节将对哲学史上的关于同一问题的争论进行反思和分析；（2）同一与指称，这一节讨论蒯因是如何通过同一这个概念将个体词和普遍词区分开来，并进而将个体词与指称联系起来；（3）个体词与谓述，这一节讨论蒯因如何将个体词与谓述的位置以及变元的值联系起来；（4）量化与同一以及指称，这一节讨论蒯因将个体词与变元的值结合起来的逻辑后果：坚持对个体词的量化，即一阶量化。

一　什么是同一

对同一这个概念的关心源于对运动这个哲学史上古老而又重要问题的关注：什么是运动？一个事物经历了真正的运动和变化之后是否还是其自身？尽管对于这个问题哲学家们有各种各样的观点，但总体而言这些观点可以分为两类：一类是否认静止，认为一切事物都处于绝对的运动变化中，"无物长流"、"人不能两次踏入同一条河路"、"人甚至一次都不能踏进同一条河流"是这类哲学家的典型回答；另一类却否认运动，认为一切事物从根本上而言都是静止的和不变的，"飞矢不动"是这类哲学家的典型回答。而面对这个古老的哲学问题，亚里士多德既反对绝对的运动，也反对绝对的静止，他提出了本质这一概念：一个事物的运动或变化如果不涉及本质属性的改变，则这个事物还保持着与自身的同一；而如果一个事物的变化涉及本质属性的改变，则这个事物不再与自身保持同一。但关于什么是一个事物的本质，亚里士多德并没有给出明确的划分标准，这样一来，同一问题依然是个问题，同一依然是产生哲学困惑的常见根源。

在现代哲学中，对同一问题的关注是以等词的方式出现，这种观点源自弗雷格。在弗雷格的哲学理论中，用"＝"表示的"相等"就是弗雷格对同一关系的思考，在关于相等的讨论中，他用脚注的方式表达了相等和同一的关系："我在'同一'这种意义上使用这个词，并把'a＝b'理解为'a 与 b 相同'或'a 和 b 重合'。"① 而弗雷格关于含义和意谓的思考正是从"相等"这个概念开始的。"a＝b"表达的是符号之间的关系，还是符号所表达的对象之间的关系？"a＝b"与"a＝a"又有哪些区别？面对这两个问题，弗雷格认为，"a＝b"与"a＝a"具有不同的认识价值，"a＝a"是先验有效的，而"a＝b"并不能先验地建立起来，并且其建立起来后常常十分有意义地扩展我们的认识："并非每天早晨升起一个新太阳，升起的总是同一个太阳，这大概是天文学中最富有成果的发现。"② 而"a＝b"之所以能够拓展我们的认识，就是因为 a 和 b 具有不同的含义，即 a 和 b 是对同一个对象的不同方面的认识，弗雷格称为"符号的区别相应于被表达物的给定方式的区别"，因此弗雷格认为"相等"不仅表达的是对象之间的关系（对象是同一的），更重要的是相等表达的是符号之间的关系（两个符号意谓相同）。在此基础上，弗雷格进一步认为 a 和 b 这些专名不仅有意谓，而且有含义。正是在对"同一"问题的分析中，弗雷格建立了日后被广泛关注的专名理论，并在此基础上提出了意义理论。弗雷格之后的罗素，继续发挥了弗雷格的理论，并把等词作为初始符号，引入逻辑系统中，在其著名的摹状词理论中，限定摹

---

① ［德］弗雷格：《论概念和对象》，载《弗雷格哲学论著选辑》，王路译，商务印书馆 2006 年版，第 95 页。

② 同上。

状词就是通过量化和等词的方式在语境中被消去。

而维特根斯坦则对弗雷格关于同一的理论提出质疑。维特根斯坦认为同一或等词在逻辑系统中并不是必要的。在维特根斯坦看来，在逻辑系统中，可以用同一个记号来表示对象的同一，而对于不同的对象，可以用不同的符号来表示——"大致来说，说两个对象是同一的，这是没意义的，而说一个对象和他自身同一，就是根本什么都没有说"①。因此在维特根斯坦看来，既然已经肯定它们是两个事物，那么再说它们是同一个事物，显然是无意义的，而如果说一个事物和它自身相同，那么这是一个太显而易见的不足道的事实，也就相当于什么都没有说。所以维特根斯坦反对将同一符号作为一个逻辑系统的必要组成部分。在此基础上，维特根斯坦进一步认为，同一不是对象之间的关系，而是函项和符号之间的关系。维特根斯坦认为相对而言，一个包含同一符号的有意义的表达式是：对任一 x 而言，$fx \rightarrow x = a$。这里等词表示的是符号和函项之间的关系。可以看出，维特根斯坦关于同一的讨论主要是针对逻辑形式系统而言的，对于一个人工语言设置的系统，用等词来表达对象之间的同一不是必要的，因为既然是一个人工的理想的语言，我们可以用符号的同一来表达对象的同一，用不同的符号来表达不同的对象，在这种前提下，谈论两个符号的同一是没有意义的。而在这样的逻辑形式系统中，有意义地谈论等词的地方是函项和符号之间的同一，因此，等词所表达的只能是逻辑形式系统中符号与函项之间的关系。后来的数理逻辑在发展过程中，汲取了维特根斯坦对同一的看法，并出于简化的目的，很多的逻辑系统在初始语言里不再包含函项，因此，与函项相关的同

---

① ［奥］维特根斯坦：《逻辑哲学论》，何绍甲译，商务印书馆 2012 年版，第 80 页。

一符号也不被当作这样的逻辑系统的初始符号。

对于维特根斯坦关于同一的看法，蒯因提出了异议。在蒯因看来，同一在我们的语言和概念结构中起着基础性的作用。在一个理想的人工构造的语言中，每一个名字都指称一定的对象，每一个对象只有一个名字，那么讨论对象的同一问题是没有意义而且是不必要的。但在日常语言表达中，因为语言的各种复杂情况，有的名字并不指称任何对象，有的对象可以有很多名字，有的摹状词可以和名字起相同的指称作用，讨论同一问题不仅是必要的，而且是重要的。更为关键的是，逻辑所讨论的同一性总是和变元联系在一起，两个变元因为" = "的联结可以指称同样的对象，并且这样的同一又会带来保真互换等性质，因此，这样的讨论已经超出了讨论个别对象和名字的关系问题，而成为一种和量化紧紧联系在一起的重要逻辑问题，甚至"关于同一的逻辑是量化逻辑中不可规约的一个分支"①。

二　同一与个体词

蒯因关于同一的思考正是从运动这个古老的哲学困惑开始的：什么是运动？一个事物经历了真正的运动和变化之后是否还是其本身？针对这个哲学困惑，蒯因认为，解决这个困惑的关键不是在于同一这个概念，而在于事物和时间。一个物理对象——无论是一条河，一个人或是一块石头——在任何时间都是空间原子或其他微小的物理成分所构成的瞬时状态的综合。它们就像事物在某一瞬间是空间微小成分的综合，我们可以设想一个阶段对事物来说，是这些瞬间状态的总和。这样一来，

---

① Quine, *Method of Logic* (4th edition), Cambridge: Harvard University Press, 1982, p. 211.

事物不仅具有空间上的广延性，还具有时间上的耗时性，任何一个关于事物的概念都是这些空间内的分子汇聚的瞬间状态的总和。同一正是在对事物的命名和指称方面，起着核心的作用。

作为一个没有教条的经验主义者，蒯因反对逻辑经验主义对综合/分析命题的划分和认为所有的命题都可以被感觉经验所证实的证实主义观点。蒯因认为人类的全部知识和信念，包括数学和逻辑，都是人工的编织物，整个科学是一个巨大的力场，在这个力场中数学和逻辑处于核心位置，而其他的经验学科都沿着边缘同经验紧密相连。从这样的整体论观点出发，蒯因认为既然所有的命题不存在综合/分析之间的划分，而都必须面对经验的考验，因此哲学在方法论上要倡导一元论，这样的一元论，蒯因选择的是自然主义的认识论。在自然主义认识论看来，没有超越科学的哲学，我们关于外部世界所获得的信息仅限于外部世界对于我们的刺激，而我们人类的知识大厦就建立在我们如何能够从这些有限的刺激，建立起一种概念体系："我们对外部事物的谈论，我们关于事物的恰当观念，是一种概念工具，它根据我们先前感觉接收器的激发去帮助我们预测并控制感觉接收器的激发。从各个方面来看，这种激发经常是我们必须关注的一切。"[1] 这是科学认识的主题，也是所有人类知识建立的基础。

而作为自然主义认识论的重要手段和方法，蒯因的主题之一就是考察语言学习的过程，这样的语言学习过程既包括对儿童的语言学习过程和用实指的方法学习语言的过程。正是在考察语言学习过程的基础上，蒯因认为，物理对象之所以处于我们整个概念结构的核心地位，是因为物理对象是我们关于世界

---

[1] Quine, *Theories and Things*, Cambridge: Harvard University Press, 1981, p. 1.

认识的焦点汇聚，物理对象具有明晰的同一性，物理对象是作为认识论上不可简约的设定物被引入科学的概念系统中。而个体词在哲学中的重要地位就是因为它在为物理对象命名。换言之，个体词的重要位置与其指称的功能和指称的对象密切相关。

（一）同一与个体化

蒯因首先从个体认识发展史的角度来看待单称词和普遍词的区分。在蒯因看来，在一个婴儿咿咿学语的初始阶段，"妈妈"、"水"和"红"三个语词对他们而言都是指称一定的时空凝聚点。当特定身材的某个人、当某种液体和某种颜色出现时，婴儿相对应所喊的"妈妈"、"水"和"红"，都是在一定的场合中对某种观察的回应，因而其关于"妈妈"、"水"和"红"的称谓，蒯因统称为只包含单个单词的场合句——"这是妈妈！"、"这是水！"、"这是红色的！"这些场合句是婴儿在一定场合中对刺激的回应，而这种回应都是在称谓一定的时空凝聚点，因而在这个阶段，"妈妈"这个单称词与"水"和"红"这样的普遍词在婴儿的心里并没有显示出区别。

当且仅当随着时间的推移，一个婴儿开始使用小品词，并开始能够辨别出"这杯水（this glass of water）"和"那杯水（that glass of water）"的时候，我们才能断言一个婴儿开始理解单称词和普遍词的区别：单称词是指特定的唯一的一个时空凝聚点，因而不需要小品词的辅助就能指称和称谓；而普遍词所言的东西都分散于时空中，我们只能运用小品词才能把这个特定的时空凝聚点从其他同类的事物中剥离开来，也就是通过"这个（this）"以及"那个（that）"这些小品词的使用，我们才把"这杯水"从整个时空中辨认出来，在这里，普遍词的使用具有分离指称（divide reference）的作用。而一旦一个儿童掌握了普遍词的分离指称模式，他便用类比的方式学会了对"红"这样的另一类普遍语词的用法，如此反复，一个婴儿便从概念上掌握了持续存在以及重复出现的物理对象的概念模式。通过对形形色色的小品词的学习和掌握，一个儿童最终会形成与社会习惯相一致的系统的语言运用模式。这样一来，从语法上，我们一般可以很好地区分单称词和普遍词：单称词一般不需要与小品词配合使用，而"倘若一个词被加上定冠词、不定冠词或者是复数词尾，那么这个词就是我们成年人通常所谓的普遍词"①，这也是语法学家关于单称词和普遍词的通常的看法。

而在婴儿掌握单称词和普遍词的使用和区别的过程中，"同一"起到了核心的作用。正是在辨认今天出现的妈妈和昨天出现的妈妈是否是同一个人的过程中，儿童知道了妈妈是某个特定的连续的时空点；正是在对今天这个苹果和昨天的那个苹果是同一个苹果还是不同的苹果的辨认过程中，儿童开始意识到苹果这个词可以是时空中不连续的时空点的共同称谓，而只有借助于将"这个"、"那个"、"同一个"这些小品词加诸在一个普遍词"苹果"的前面，可以将某一特定的个体与同类的其他个体区别开来，在这种意义上，普遍词具有蒯因所谓的分离指称的作用。当且仅当一个婴儿能够正确地使用各种小品词，也就是掌握了同一这个谓词的用法的时候，我们才敢断定这个婴儿开始掌握了谓述和指称：当一个儿童能够判断出在哪种程度他拥有的是同一个苹果，而在什么时候他发觉他拥有的是另一个苹果，这个儿童只有在某种程度上掌握了这种关于相同和不同的谈话之后，才算是了解了普遍词项。

---

① Quine, *Word and Object*, Cambridge: the MIT Press, 1960, p. 77.

（二）同一与语词的设定

在婴儿的学习语言的过程中，"妈妈"和"苹果"虽然是一个个语词，但在使用它们的时候，婴儿表达的是对于一定刺激的反应和断定，它们分别表达的是"这是妈妈（This is Mama)！""这是苹果（This is apple)！"在这两种场合中，婴儿都表达了"is"这样的断定，这是两种含义不同的断定，在"This is Mama"这个语句中，"妈妈"是某一个特定的独一无二的时空凝聚点，因而在这个句子中，"is"表达的是同一关系，而在"This is apple"这个语句中，"苹果"是时空中不连续的时空点的共同称谓，"is"表达的是一种属于关系，当然孩子在最初阶段是意识不到这些区别的。当且仅当一个婴儿学会使用小品词，我们才能断定一个儿童开始进入成年人所使用的语言模式。

而我们成年人的语言模式又是怎样的呢？在我们日常认识事物的时候，实指和类比是两种常用的语言学习的方法。蒯因以"卡斯特河"和"红"为例，讲述了我们是如何学习这两个语词的。

首先，我们先讨论"卡斯特河"这个语词是如何被我们理解、学习和掌握的。设想有三个瞬间事物 a、b 和 c，其中瞬间事物 a 是公元前 400 年前后吕底亚的卡斯特河的一个瞬间阶段，另一瞬间事物 b 是两天后卡斯特河的一个瞬间阶段，第三个瞬间事物 c 是在 b 的同一时刻正好包括该河流在 a 的时刻的所有的水分子的一个瞬时阶段，c 的一半在卡斯特河的下流河谷，一半可以在爱琴海的散射点。这样一来，a、b、c 就成为具有不同关系的三个对象：a 和 b 具有同河关系，a 与 c 具有同水关系。如果一个人三次指着 a、b、c 三个瞬时阶段，说："这是卡斯特河"，三次的实指（ostension）实际上指向的是三个瞬时的不同的事物。而听者却能够通过前一个人三次的实指，归纳得出一个把三个耗时的阶段包括在内的一个作为过程的耗时的对象——卡斯特河。

在对一个单称词的实指过程中，同一性概念发挥着重要的作用，没有同一性，n 次的实指活动只会指到不同的对象，而当我们一次次肯定实指的对象的同一性的时候，我们则使我们的 n 次实指活动去指称相同的对象，这就为听者提供了一个归纳的基础，从而猜测出所要求的那个对象的范围。这样一来，纯粹的实指加上对同一性的识别，借助于归纳，我们就可以确认一个单称词的指称。这样一来，"同一性在实指法指定时空上广大的对象的时候起着中心的作用"①。借助于同一性，我们就可以转换数次实指的时空范围，从而将对象看成一个耗时的过程和范围，并将一个具有广延性的对象进行了概念化的改造和结合。并且，在这个过程中，我们指向 a、b、c 不同的地方说这是"卡斯特河"，说明我们的主题是一个大范围的包含这些瞬间事物的河流，而不是瞬间的河段或者水段，通过将同一性归诸数次的实指，使得那些与主题无关紧要的瞬时阶段的差别被排除掉，从而大大地简化了主题。

而普遍词如"红"这个语词的指称发生过程经历了一个看似类似的过程。通过数次的不断实指，包括对红的衬衣、红的房屋和红的玫瑰花的实指，说："这是红的"，我们在不断地改造和扩大"红"这个概念的范围，听者通过多次的归纳，就可以知道红色代表的范围，从而也可以类似地就把红色看作一定时空的凝聚物。

而实际上，蒯因认为，普遍词的引入和单称词的引入是两

---

① Quine, "Identity, Ostension and Hypostasis", *From a Logical Point of View*, Cambridge: Harvard University Press, 1980, p. 68.

种不同方式的引入：通过引入单称词，我们在为事物命名；而引入普遍词的过程中，我们并不是为事物命名。为了更方便比较，蒯因取一个图形为例：

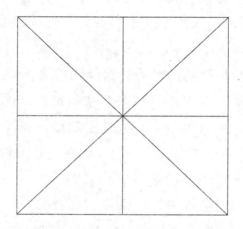

在这个图形中，共有 33 个区域。假定在一个论述中，我们关注的是图形的形状而不是区域，于是话题的数目就可以从 33 个缩减为 5 个：正方形，二比一的矩形，等腰直角三角形和两种不同形状的梯形。这 5 种形状中的每一个都是一个共相。如果我们把红色解释为由一切红色的东西所构成的整体的时空事物的话，那么正方形这个共相就是所有的正方形合并所构成的整体，等腰三角形就是所有的等腰三角形合并所构成的整体，矩形就是所有的矩形合并而成为的整体，梯形这个共相就是所有的梯形合并而成的整体。而在这个图形中，5 个正方形合并而成的整体就是整个的正方形区域，而 16 个等腰三角形所合并形成的也是整个的正方形区域，矩形和梯形合并的结果也是如此。这样一来，所有的这些共相都因为指称同一个对象而彼此无法区分。

（三）同一与指称

蒯因通过同一在认识事物的过程中发挥的不同作用，最终区分出了单称词和普遍词。通过认识过程的对比，我们可以看出，单称词的引入和普遍词的引入是不同的。通过不断地实指"这是卡斯特河"，我们把同一性归诸所指的对象，从而使得听者可以归纳出卡斯特河所指称的对象，这里的"是（is）"表达的是一个具体的整体中的具体部分的联合。而在普遍词的引入中，我们每一次的实指"这是正方形"却并不是把同一性归诸所指的对象，而是在说明一种属性即正方形性，而正是这些属性是所指对象所共有的，因此这里的"是（is）"表达的是一个抽象共相中的具体事例与其表达的抽象共相之间的关系。蒯因进一步认为，普遍词并不是事物的名字，对于正方形这样的普遍词，我们没有必要假定一个对象即正方形性是所指的对象，我们只是在阐明"这是正方形"这个语词的用法，而在对这个短语加以说明的时候，"唯一的要求是，我们的听者知道何时期望我们把它用于一个对象，何时不这样用；这个短语本身也不必是任何一种独立对象的名称"[1]。而相比之下，当我们引入一个单称词的时候，我们则不断地把同一性归之于各次实指的对象之间。这样一来，使用一个普遍词，并不意味着我们在本体论上承认一个相应的抽象物，一个人可以有意义地谈论红的房屋和红的玫瑰花，而拒绝承认它们之间有任何共同的东西被"红性"这个词命名。但当我们使用单称词的时候，我们就是在为事物命名，这就要求我们在本体论上承认一个被个体词所命

---

[1] Quine, "Identity, Ostension and Hypostasis", *From a Logical Point of View*, Cambridge: Harvard University Press, 1980, p. 76.

名的对象或事物。单称词是表达指称的重要机制。

在此基础上，蒯因认为单称词和普遍词的重要区别是，单称词用来指称和命名世界上一个独一无二的事物。尽管单称词在不同的语境下会变得模糊，比如"约翰"这个单称词在不同的语境下，指称的是不同的人；但尽管如此，相对于每一个语境，个体词只用来命名和指称一个对象，而不是多个对象，这正是个体词的特点。在此基础上，蒯因把"行星的数目"、"美国现任的总统"这样的摹状词都归入个体词的范围之内，因为它们在被用及的每个语境下都用来指称一个事物。蒯因把个体词在句子中总是用来指称一个对象的这种方式叫作命名。与单称词相对照的是，普遍词总是与一个概念相联系，而概念总是有其外延，即其适用范围，一个概念可以适用于（true of）一个事物，也可能适用于多个事物。普遍词总是和概念联系在一起，即使概念都有一定的适用范围，即适用于一定的对象，但普遍词和概念的关系是直接的和本质的，而与对象的关系是间接的和非本质的。在此基础上，蒯因认为，命名这种行为仅适用于单称词和其所指的对象之间，而不适用于概念词与其所意谓的概念之间的关系，命名在蒯因看来，只能是针对一个独一无二的对象的行为。

三　个体词与谓述

个体词不仅是一个重要的哲学概念，也是一个重要的逻辑概念。传统哲学中的个体词（singular term）是相对于普遍词（genenral term）而言的，在西方哲学史上，个体词和普遍词是西方哲学的一对重要概念，单称词和普遍词的区分是一个重要的哲学问题，哲学家约翰·穆勒甚至认为，单称词和普遍词的区分对哲学而言是根本的，单称词和普遍词是关于语言的首要划分。

（一）个体词与概念词

传统哲学关于单称词和普遍词的普遍看法是认为单称词指称的对象是一个，而普遍词指称的对象是多个。传统的哲学把语词分为个体词和普遍词，这是针对语词的一种划分，这种划分的潜在的预设是语词是最小的意义的单位。从弗雷格开始，个体词与普遍词这个传统哲学的重要问题被赋予一种新的视角。

从弗雷格开始，与个体词对应的语词不再是普遍词，而变成了概念词。所谓的概念词，就是一个句子中去掉个体词后所剩下的部分。概念词的最大特点就是谓述性，也被称为不饱和性，一个概念词相当于一个带有空位的函数，相对于每一个代入空位中的个体词，概念词总产生一个或真或假的值，"概念词在本质上是做谓词"①，因此，弗雷格的概念词也被称为谓词。而与概念词的不饱和性相对应的是，个体词意谓或指称一个对象，个体词是完整的、饱和的（在不需要补充的意义上）。个体词是一个句子的真正的主语，而概念词无论在一个句子中占据什么位置，它实际上都是谓词，都用来谓述对象。个体词用来指称对象，而概念词用来谓述个体词所指称的对象，个体词和概念词是不同层次的东西。

正是在这个基础上，弗雷格解释自己为什么没有像以前的哲学家一样，把与个体词相对应的语词称为"普遍词"或"通

①　［德］弗雷格：《论概念和对象》，载《弗雷格哲学论著选辑》，王路译，商务印书馆2006年版，第88页。

名"，而是创造了新的一个语词，即把与个体词相对应的语词叫作概念词。弗雷格说："'通名'这个词引诱人们以为通名与专名一样，基本上也是与对象相联系的，而不过专名是单个称谓的，而通名是普遍地用于许多事物的。但这是错误的，因此我才不说'通名'而谈'概念词'。"① 而实际上，概念词的意谓是一个概念，而概念是用来谓述对象的，对象和概念之间的关系是对象处于概念之下的关系。对于一个概念，我们可以有意义地询问是一个对象，或是多个对象，或是没有对象处于其之下，但概念本身不是对象，概念词直接地只是与概念有关："概念词的意谓既不是由一个对象，也不直接地是由几个对象形成的，而是由一个概念形成的，但是概念词只与概念有关，这种与对象的关系是更间接的和非本质的。"②

可以看出，弗雷格关于个体词的划分是与传统哲学不一样的。传统的哲学把语词分为个体词和普遍词，这是针对语词的一种划分，这种划分的潜在的预设是语词是最小的有意义的单位。而弗雷格对个体词和谓词的划分是在句子中进行的，谓词是指一个句子中去掉单称词后其余的部分，如，对于句子"亚里士多德是哲学家"而言，"亚里士多德"是个体词，而"……是哲学家"是概念词，这样的概念词不仅包括传统意义上所谓的普遍词"哲学家"，还包括系词"是"，因此，弗雷格对个体词和概念词的划分是以句子为单位的。句子是弗雷格所认为的意义的最小单位，语词只有在句子中才能得到理解，这就是后来哲学界所称谓的弗雷格的"语境原则"，这条原则被达米特誉

---

① ［德］弗雷格：《对含义和意谓的解释》，载《弗雷格哲学论著选辑》，王路译，商务印书馆 2006 年版，第 128 页。

② 同上。

为"很可能是弗雷格做过的关于哲学的最重要陈述"①。弗雷格把语句作为语义的首要单位，对以后的哲学产生了重要的影响，罗素的摹状词理论、维也纳学派的证实原则、维特根斯坦的图像理论以及牛津日常语言学派的语言分析理论都从中受益。蒯因认为，把语句而不是语词作为意义的主要通道，这种语境原则引发的是语义学的一场革命："这样的革命也许不像天文学中的哥白尼革命那么突然，不过，与哥白尼革命相似，它也是中心的转移。"② 弗雷格对个体词和概念词的区分对以后的哲学的发展和逻辑的发展都产生了重要的影响。在哲学上，弗雷格从句子出发来研究个体词，认为个体词的含义在句子中才能得到理解，弗雷格关于个体词和概念词的划分消解掉了中世纪以来围绕着个体词和普遍词所产生的很多纷争。另外，弗雷格的对个体词的讨论不是从句子的语法结构出发，而是通过对语法结构的分析，指出个体词是一个句子的真正的主语，而概念词无论在句子中处于主语的位置还是谓语的位置，其最大的特点都是其谓述性，因而都是谓词。弗雷格对个体词的划分超越了句子的语法结构，这样的做法使得哲学的研究和逻辑的研究突破了语法的限制，这一切对后来哲学的语言的转向产生了重要的影响。

在逻辑方面，正是在划分个体词的过程中，弗雷格在逻辑史上第一次突破了传统逻辑对"S 是 P"这种语法形式的依赖，逻辑的表达能力大为加强，新的逻辑类型呼之欲出。亚里士多德的逻辑作为古典逻辑的典范，其三段论推理关注的主要 "S

---

① Dummett M., *Frege: Philosophy of Language*, Cambridge: Harvard University Press, 1981, p. 38.

② Quine, "Five Milestones of Empiricism", Roger F., Gibson Jr. (ed.), *Quintessence: Basic Readings from the Philosophy of W. V. Quine*, Cambridge: the Belknap Press of Harvard University Press, 2004, p. 303.

是 P"这样的句子的推理。而亚里士多德之所以选择"S 是 P"这样的语言形式作为逻辑研究的对象，据后来的哲学家考证，是因为"S 是 P"这种语言形式是印欧语系中最常见的表达方式，并且，很多不是主谓结构的语言表达式，如"柏拉图跑（Plato runs）"等动宾结构的句子，也可以转化为主谓结构的语言形式进行考察（Plato is running）。因此，亚里士多德选择"S 是 P"作为其构建三段论的基础，其目的是想表达一种普遍性和普适性。但是，亚里士多德的三段论推理系统虽然代表着古典逻辑的最高成就，但三段论推理针对的主要是直言命题，而表达关系的语句和包含个体词的语句都无法在三段论系统中得到刻画，因此其逻辑处理能力大为受限。而弗雷格认为，包含单称词的语句是表达思想的一种最简单的情况，因而是一种对语句分析的基础和基本手段。弗雷格把包含单称词的语句所表达的思想划分为两个部分：饱和的（完整的）和不饱和的，其中个体词相应于思想中完整的部分，而这个语句中其余的部分（概念词）相当于思想中的不完整的部分。保持概念词不变，而使得完整的部分发生变化，那么相应于这种变化所形成的不同的思想，必将有一个真值。在此基础上，对语句加上量词，我们就可以对一定范围的对象进行断定从而获得普遍性的思想，这就是逻辑研究真的特殊方式，即通过在分析单称词语句的基础上使用量词，从而认识真的普遍性规律。在此基础上，弗雷格认为："逻辑的基本关系就是一个对象处于一个概念之下的关系，概念之间的所有关系都可以化归为这种关系。"[1] 把个体词作为分析句子结构的视角和基础，使得逻辑能够处理包含个体词的句子，如"亚里士多德是思想家"，被表达为 Fa，在这里 a

---

① ［德］弗雷格：《对含义和意谓的解释》，载《弗雷格哲学论著选辑》，王路译，商务印书馆 2006 年版，第 120—121 页。

表示一个个体词，而 F 表示概念词，Fa 表达的是一个对象处于一个概念之下的关系。而"所有哲学家都是思想家"这样在传统逻辑看来表达的是两个概念之间关系的语句，在这种新的视角下被刻画为"对任一事物 x，如果 x 是哲学家，那么 x 是思想家"。与此同时，表达关系的语句，如"汤姆嫉妒约翰（Tom envies John）"，则被弗雷格看作包含两个空位的谓词，而将其处理为 Fab 这样的形式，其他更复杂的关系可以被看作包含更多空位的谓词。这样一来，包含个体词的语句和表达关系的语句在弗雷格的系统中都能被很好地刻画，逻辑的表达能力大为提高，新的逻辑类型呼之欲出。

但弗雷格在量化方面留下了一个问题。弗雷格并没有注意到，或者即便注意到也没有给予足够的重视的一个现象是，对单称词的量化和对概念词的量化之间存在差异。在弗雷格的逻辑系统中，变元的位置既可以用单称词也可以用概念词来替代，而这两种代入对弗雷格而言都是合法的逻辑表达式。连带地，弗雷格认为量化作为一种纯逻辑的运算，任何形式的量化都属于逻辑，因此，弗雷格也并没有进一步地区分一阶逻辑与二阶逻辑以及更高阶逻辑之间的区别。而到了 20 世纪，因为蒯因的工作，人们开始关注量词域的问题，并引发了逻辑学家对逻辑的性质和范围的新的思考。

（二）个体词与谓述的位置

蒯因认为，尽管哲学史上有很多的重要的问题，如具体（concrete）和抽象（abstract）之争、共相（univevsal）和殊相（particulav）之争、个体词（singulavterm）和普遍词（genevalterm）之争等，但对逻辑而言，最具重要意义的是个体词和普遍词之间的划分。个体词是用来命名独一无二事物的词项（尽管在实际上，一个个体词，如"飞马"没能为任何事物命名，但是否指称到一个事物是一个事实的问题，而是否被用来命名或指称一个事物，是一个语言问题），因此在一个量化表达式中，个体词可以代入约束变元的位置形成一个个句子。而普遍词却不可以代入约束变元的位置。一个句子的真假取决于谓词是否适于个体词所表达的对象。

但蒯因对个体词和普遍词的区分标准却留下一个问题。首先，对于一个语词如"人"来说，在"苏格拉底是人"这句话中，"苏格拉底"是个体词，"人"是普遍词，这是没有异议的。但是在"人是一个动物学上的物种"这个句子中，"人"这个语词是普遍词还是个体词呢？面对这个问题，1950 年的蒯因在《逻辑方法》中给出一种回答。蒯因认为，在"人是一个动物学上的物种"这个句子中，"人"是一个个体词，用来表达一个抽象的独一无二的类，更准确地说，在这句话里，"人"是一个抽象的个体词，相当于"人类（mankind）"这个语词。后来，在 1960 年的《语词和对象》一书中，蒯因对这个问题作了更深入的回答。

在《语词和对象》里，蒯因进一步认为，从语法上，我们一般可以很好地区分单称词和普遍词：单称词一般不需要和小品词配合使用，而"倘若一个词被加上定冠词、不定冠词或者是复数词尾，那么它就是我们成年人通常所谓的普遍词"①，这也是语法学家关于单称词和普遍词的通常的看法。而蒯因认为，真正将单称词和普遍词区分开来的是语法功能："单称词和普遍词真正的差异体现在它们在谓述中的不同角色：'妈妈是一个女人（Mama is a women）'，或者形式化为'a 是一个 F'，在这

---

① Quine, *Word and Object*, Cambridge: The MIT Press, 1960, p. 90.

里'a'表示一个单称词而'F'表示一个普遍词。谓述把普遍词项和单独词项结合为一个句子；而句子的真假取决于普遍词是否适用于为单称词所命名的对象（如果有的话）。"① 在蒯因看来，单称词和普遍词的真正区分是单称词总是在谓述中处于主语的位置，而普遍词则用来谓述这个主语。整个句子的真假由此取决于普遍词是否适用于单称词所指称的对象。也正是在这个意义上，蒯因扩大了普遍词的范围，以往语法学家所作出的名词、形容词和动词的区分在蒯因看来只是语法形式的区分，而这种区分对于逻辑学没有太大的意义。对于逻辑学来讲，重要的是从语法功能上对语词的区分。名词、形容词和动词都是用来谓述单称词的，因此蒯因把名词、形容词和动词都一并称为普遍词。单称词在谓述中所占据的位置由此也被蒯因称为"指称的位置"，而普遍词在谓述中所占据的位置被蒯因称为"谓词的位置"，正如斯特劳森所指称的："以在谓述中所处的不同位置来区分单称词和普遍词，这种思想在蒯因的正则系统中占据核心的位置。"②

蒯因从谓述的角度来区分个体词和普遍词的观点遭到了斯特劳森的质疑。斯特劳森认为，单称词和普遍词的区分是蒯因哲学思想的一个根基性的观点，甚至这个观点是蒯因所有其他观点的基础。但是蒯因以在谓述中所处的位置来划分个体词和普遍词这个观点却是含糊和不准确的。蒯因认为："单称词和普遍词真正的差异体现在它们在谓述中的不同角色：'妈妈是一个女人（Mama is a women）'，或者形式化为'a 是一个 F'，在这里'a'表示一个单称词而'F'表示一个普遍词。谓述把普

① Quine, *Word and Object*, Cambridge: The MIT Press, 1960, p. 96.
② Strawson P. F., "Reference and Its Roots", Hahn L. E., Schilpp P. A. (ed.), *The Philosophy of W. V. Quine*, Chicago and La Salle: Open Court Publishing Company, 1998, p. 97.

遍词项和单独词项结合为一个句子；而句子的真假取决于普遍
词是否适用于（true of）为单称词所命名的对象（named object）（如果有的话）。"① 面对蒯因的这个观点，斯特劳森的疑
问是：首先，个体词和普遍词都是词项，为什么与概念词相联
系的就是"适用于（true of）"，而与单称词相联系的语词就是
指称（refer to）或命名（naming）？斯特劳森认为，蒯因并没
有给出一个关于谓述的准确定义，而是直接使用谓述的相关术
语。这样一来，单称词和普遍词的区分依赖于它们在谓述中所
处的位置，而关于在谓述中的位置，蒯因并没有进一步解释为
什么单称词占据谓述中主词的位置而普遍词占据谓述中谓词的
位置。其次，在斯特劳森看来，谓述作为一个语法的概念，其
总是与句子密切相关的，而日常生活中的句子，除去单称词做
主词的情况，还有普遍词做主词的情况，而蒯因关于谓述的讨
论中，显然是忽略掉了后一种情况。基于这些理由，斯特劳森
认为，蒯因使用谓述这个概念来说明单称词的问题是没有意义
的行为，单称词的功能在于识别对象，而这一点，在斯特劳森
看来，也同样适用于普遍词，当我们使用"红色"、"漂亮"
这样的普遍词时，我们实际上也在为相应的属性、性质或抽象
实体命名。

　　对于斯特劳森对蒯因的指责，戴维森认为这是不恰当的。
首先，戴维森认为，斯特劳森反对蒯因的关于谓述的观点并进
而反对用在谓述中的位置来区分单称词和普遍词的观点，恰恰
是因为斯特劳森自己对谓述这个概念的不了解。因为谓述一词
虽然最早来自语言学，但那时的人们并没有意识到句子的语言
结构和逻辑形式的区别，随着现代逻辑的兴起，人们已经发现

---

① Quine, *Word and Object*, Cambridge: The MIT Press, 1960, p. 96.

了句子的语言结构和逻辑形式的区别，这时的谓述不再纯粹是一个语法概念，而成为现代逻辑的一个核心概念，"谓述这个问题的完整范围和实质只有与一种关于句子的逻辑形式的清晰看法一起出现。直到我们有了这样一个看法，我们才会有把握把什么看作一个单称词或看作一个谓词。"① 戴维森认为，蒯因之所以没有对谓述这个概念作过多的论述，并不是因为他的疏忽，而是因为在蒯因看来，这个问题对于逻辑来说是一个不足道的（trival）事实。并且，现代逻辑中的谓述是和量化紧密相关的，从一个句子消去一个个体词或者多个个体词后所得到的表达式就是谓词。而谓词中消去单称词后所留下的空位一般用 x、y、z 等。而"所有"、"有的"这些量词用来约束占据空位的个体变元。而"谓词中的'位置（places）'是现代谓词概念的关键"②。因此蒯因对谓述这个概念并没有作过多的解释，而只是直接使用了这个概念，并直接借用了"谓述中的位置"这样的术语来说明单称词和普遍词的区别。戴维森认为，恰恰是斯特劳森没有从现代逻辑的角度，而仅仅是从日常语言出发理解谓述一词，才导致他对蒯因理论的误解。并且，在戴维森看来，谓述作为一个古老的哲学问题，从以往哲学家在解决这个问题的失败中，我们能够得到的教训之一就是把谓词与普遍的东西，如性质或关系这样的实体联系起来是解决不了谓述问题的，反而会导致谓述问题的无穷倒退。在斯特劳森看来，在语句"贝蒂是漂亮的"中，"贝蒂"指称一个对象，"漂亮"指称另一个对象，这句话是真的则意味着"贝蒂"这个对象拥有"漂亮"这样的属性。而戴维森则认为，如果"贝蒂"指称一个对象，"漂亮"指称另一个对象，则这个语句中的"是"表达的是一

---

① ［美］戴维森：《真与谓述》，王路译，上海译文出版社 2007 年版，第 150 页。
② 同上书，第 98 页。

种对象之间的关系（而不是我们通常所理解的性质），这样一来，"贝蒂是漂亮的"这个句子就变成了指称对象的三元组，考察句子真值的难度就此成倍增加。在此基础上，戴维森认为，蒯因是在句子中把握普遍词，并认为普遍词只是用来谓述对象的，而其本身并不指称属性等抽象实体，蒯因的这些关于谓述的观点回避了哲学史上在谓述问题方面的通常的倒退。

也许是受到了斯特劳森否定性意见的启发，蒯因在后来的《答斯特劳森》① 里进一步阐明了自己的观点。蒯因承认他区分单称词和普遍词就是根据 Fx 这个量化式中的位置来区分的，单称词相当于 Fx 中的 x，而普遍词相当于 Fx 中的 F，其中 x 与 F 的重要区别体现在量化式中 F 不被量词所约束，而 x 能被量词所约束，并且是量化式中唯一用来表示指称的装置。Fx 是现代逻辑量化式的一个组成部分，而现代逻辑是一个逐步构建的系统，从建立合适公式到进行有效性推理，从有效式推理到整个系统的可靠性证明，所有的这一切概念都是相互联系的，并且这一切都是构建谓述这个概念的学科背景和必要的知识前提。而蒯因本人正是在现代逻辑的严格意义上使用谓述这个概念的。

也正是在这个意义上，蒯因与弗雷格关于个体词的理论开始产生分歧。虽然弗雷格所谓的概念词确实是由一个句子中消去单称词所剩下的部分所构成的，但是消去单称词之后在概念词的空位上是否只能代入单称词？对此的不同回答造成了蒯因和弗雷格的重要分歧。虽然弗雷格对这个问题没有明确的回答，但是他在实际行动中确实在概念词的位置中不仅代入了表示单

① Quine, "Replies", Davison D. and Hintikka J. (ed), *Words and Objections*: *Essays on the Work of W. V. Quine*, Dordrecht – Holland: D., Reidei Publishing Company, 1969, p. 320 – 325.

称词的 x、y、z，而且还代入了表示概念词的 F、G 等，虽然他也清楚地意识到，在概念词中代入个体词和代入函数是不同的，相对而言，弗雷格把前者称为第一层的函数，而把后者称为第二层函数，并认为这两种函数都是算术中经常使用的表达方式。但显然地，弗雷格并没有并没有意识到对个体词的量化和对概念词的量化是两种非常不同的量化。甚至有哲学家反对将后者归入逻辑的类型和范围之中，因为这两种不同的量化将会导致关于逻辑的范围和性质的不同的看法。而弗雷格只是把它们都看作逻辑并归入逻辑的范围。而蒯因则从谓述的位置出发区分个体词和普遍词，并进一步认为在量化式中量词约束的变元是表达指称的位置，因此变元的位置只能代入表达指称的个体词，而不能是普遍词或其他的语言表达式。这样一来，在蒯因的理论中，对个体词的量化，即一阶量化是蒯因所坚持认为的经典逻辑类型，其他的逻辑都被蒯因排除在逻辑的范围之外。

四 同一、指称与量化

在本体论承诺理论里，蒯因认为，经过消去单称词和语义整编等步骤，一个量化式中表达指称的唯一装置就是约束变元，约束变元在这里相当于代词的功能——每一次对代词的代入，都会使得整个句子产生一个有真值的谓述。这样一来，为了知道整个量化式的真值，我们必须要知道变元所指称东西的范围，也就是说，对于一个形如 $\forall xFx$ 这样的量化式，如果我们想探寻整个量化式的真，那么我们首先需要确定 x 所指称的对象是什么，如果 F 所表达的普遍词总是适用于（true of）代入约束变元的单称词所指称的对象，则整个量化式是真的；而如果有普遍词不适用于代入约束变元的单称词所指称的对象，则整个量化式为假。量词域、本体论承诺和指称就这样紧密联系在一起："本体论承诺的概念，在应用于具有明显的量化语言形式的话语时，是属于指称理论的。因为说存在量词预先假定了某类对象，不过是说量词后面的那个开语句对那类对象来说是真的；而对不属于那类的对象来说则不是真的。"①

蒯因认为，单称词是日常语言中表达指称的基本手段，而在量化式中，名字以及单称词被用罗素处理摹状词的方式消去后，约束变元在量化式中处于一个代词的功能："存在就是在一个代词的指称范围内。代词是指称的基本手段。"② 而通过我们前面的分析已经知道，在蒯因自己看来，表达指称的基本装置是名词或单称词，因此代入约束变元的只能是个体词而不能是普遍词。与此同时，蒯因对命题、属性加以拒绝。这样一来，蒯因量词域中包含的对象只有三种：物理个体、以物理个体为元素的类和数，这就是蒯因所谓的"任一事物"的范围，也是蒯因全部的本体论承诺。这样一来，量词域就与本体论承诺联系在一起，一个理论的本体论承诺就是其量词域中能够使得该理论中的陈述为真的那个或那类事物。

蒯因关于量词域的定义是与其著名的口号"存在就是成为一个变元的值"联系在一起的。量词域由此与一个理论的本体论承诺联系在一起："当且仅当某类事物中的某些必须算作变元的值才能使得该理论所肯定的那些陈述为真，该类事物被一个

---

① Quine, "Notes on the Theory of Reference", *From a Logical Point of View*, Cambridge: Harvard University Press, 1980, p. 131.

② Quine, "On What There Is", *From a Logical Point of View*, Cambridge: Harvard University Press, 1980, p. 13.

理论所假定。"① 而蒯因在本体论问题上一直奉行奥卡姆剃刀的原则——如非必要，勿要增加实体，而个体、数以及由这些个体所构成的类在蒯因看来已经是表达科学的足够语言，其他的东西都可以还原为这样的本体论，因此，蒯因的量词域便是由这样的三类对象构成。与此相联系的是，蒯因认为以个体作为量词域的一阶逻辑才是所有逻辑的典型，而其他的很多逻辑类型如模态逻辑、高阶逻辑等都受到了蒯因的批判。

由于蒯因著名的本体论承诺的口号——"存在就是成为一个变元的值"，很多哲学家对单称词在蒯因哲学理论中的地位持怀疑和否定的态度：通过罗素处理摹状词的方式消去单称词和语义整编这些步骤，在蒯因的本体论承诺理论中，指称总是与约束变元相关，约束变元是唯一的指称装置，因此很多哲学家认为单称词不是蒯因哲学理论的必要组成部分，至少不是蒯因所认为的表达指称的方式。这是对蒯因理论的误解。蒯因的哲学理论对个体词的依赖是双方面的，一方面，蒯因认为，在日常语言中，单称词是表达指称的重要手段和方式，与此相对应的是，普遍词虽然具有分离指称的作用，但普遍词不表达指称——"一个人可以承认有红的房屋、玫瑰花和落日，但否认它们有任何共同的东西被'红性'这个词命名"②。另一方面，在科学理论中，特别是在考察一个理论的本体论的时候，用单称词表达指称具有一系列的理论困难，因此蒯因提出消去单称词的方式来考察一个理论的本体论——"存在就是成为一个变元的值"。这样的用量化方式来表达指称，只是衡量科学理论的

---

① Quine, "Logic and the Reification of Universals", *From a Logical Point of View*, Cambridge: Harvard University Press, 1980, pp. 102 – 103.

② Quine, "On What There Is", *From a Logical Point of View*, Cambridge: Harvard University Press, 1980, p. 10.

本体论的方式，而并没有否定单称词表达指称的基础作用，正如有的哲学家所指出的："只有在预设单称词能够指称对象的基础上……消去单称词才是一种有意义的行为。"①

单称词被赋予了和其他语言表达式，尤其是与普遍词不同的位置和作用，这是对象量化的首要的特征，也是对象量化与替换量化的重要分歧。在替换量化中，任何的语言表达式都可以代入变元中去，而不仅仅是单称词，替换量化的做法是取消了单称词和指称的联系，从而意图取消本体论承诺与量化之间的联系。而这种对待个体词的不同态度又导致了两种不同的关于逻辑的观念：在对象量化的解释下，对个体词的一阶量化是逻辑的典范，并代表了逻辑的范围。而替换量化取消了单称词的特殊作用，将会导致对普遍词的量化和对可能个体词的量化，在替换量化的解释下，高阶逻辑与模态逻辑也取得了合法的地位，逻辑范围的不同将会导致截然不同的关于逻辑性质的界定和不同的逻辑的观念。个体词由此成为量化理论的一个基础概念，个体词问题由此成为量化解释的一个核心问题。

蒯因将量化和哲学紧密联系起来，认为只有对个体词范围的量化才是真正的逻辑，而在本体论上也只承认这些个体词所指称的对象——物理对象、数和有限的建立在物理对象上的集合和数。这种观点的影响如此之深，以至于这种观点成为哲学辞典的解释典范。在《牛津哲学辞典》里，关于量词这个词条，解释为"量词作为一种表达，用来表示谓词被一定域中的对象所满足的数量"。而在另一个很有影响力的弗雷和普莱斯特所编撰的《哲学辞典》中，量词被解释为"除非一个人知道讨论对

---

① Leonardi P., Napoli E., "On Naming", Leonardi P. and Santambrogio M. (ed.), *On Quine*, New York: Cmbridge University, 1995, p.254.

象的全体的情况，或者知道变元从什么中取值，否则量化式的真值是不能判定的"。这两种对量词的解释都是以个体域作基础，量化理论和哲学观点紧密地联系在一起，是一种典型的蒯因式的对量词的解读。蒯因的解读也被逻辑学界和哲学界认为是一种对量化的正统的经典的解读。

第四章

"模态逻辑解释的几个问题"

20 世纪伊始，在数理逻辑研究的推动下，各种非经典逻辑开始兴起和发展，其中，发展最快并形成重要影响的是模态逻辑。模态逻辑不仅在自身的发展过程中首先提出了对整个逻辑学来说都很重要的理论和方法，而且引发了道义逻辑、认知逻辑、时态逻辑等众多哲学逻辑分支的建立，这一切都构成了现代逻辑的重要组成部分。模态逻辑关注的主要是包含 "必然性" 或 "可能性" 等模态算子的语句的推理，而必然性和偶然性的区分是一个古老而又重要的形而上学问题。模态逻辑在其句法系统迅猛发展过程中，对必然和偶然等概念作出的解释和说明，在哲学上产生重大影响的同时，也引发了诸多争议。

蒯因对模态谓词逻辑一直持质疑和反对态度，并且在其漫长的学术生涯中，对模态谓词逻辑的质疑和反对一直在其思想体系中占据着重要的地位。对模态谓词逻辑的质疑和批评中，蒯因所持的重要依据就是他的对象量化理论。蒯因认为，对模态逻辑的解释充满了哲学上的困境，模态算子会造成指称不明的语境，从而会使得等值替换律失效、可能个体同一性问题无法被有意义地讨论，并且对模态逻辑进行量化会导致量化的存在概括规则失效，因此对模态逻辑进行量化在哲学上就必须向亚里士多德的本质主义回归，而本质主义在蒯因看来是一个费解的论题，连带地反对对模态语境进行量化，并进而反对整个模态谓词逻辑系统。

本章关于蒯因和模态逻辑将谈论三个问题：（1）什么是模态逻辑以及模态逻辑的语义解释的核心问题；（2）包含模态的三个层次；（3）蒯因认为模态量化逻辑所存在的理论困难。

一　模态逻辑及其语义解释的核心问题

模态逻辑关注的是包含"必然性"或"可能性"等模态算子的语句的推理。中世纪把包含模态算子的语句分为两类：从言模态（de dicto）和从物模态（de re），前者是指将模态算子加诸语句的命题，如"'9 大于 7'是必然的"，模态算子在这个语句中加诸"9 大于 7"之上，用来表达语句"9 大于 7"的某种性质；后者是指将模态算子加诸语词或对象的命题，如"9必然大于 7"，在这个语句中，模态词加诸"9"这个语词后面，用来表达语词"9"的某种性质。现代模态逻辑汲取并发展了中世纪逻辑学家对从言模态和从物模态区分的基本思想，对从言模态语句和从物模态语句进行了严格的定义。一般而言，一个模态合式公式是从物的，当且仅当合式公式包含了一个模态算子（可以是必然算子，也可以是可能算子）并且在其辖域中或者有一个自由变元，或者有一个个体常项，或者有被不在模态算子里的量词所约束的变元①。非从物的模态合式公式都是从言的。现代模态逻辑关于模态命题的推理因而分为两类：关于从言模态命题推理的模态命题逻辑和关于从物模态命题推理的模态谓词逻辑。模态逻辑中的量化理论与模态谓词逻辑密切相关。

---

① Forbes G., *The Metephysics of Modality*, Oxford：Clarendon Press, 1985, p. 48.

　　模态命题逻辑是关于从言模态命题推理的逻辑。早在 1918 年，为了解决实质蕴涵悖论问题，C. I. Lewis 提出了严格蕴涵的概念来表达两个命题之间的逻辑推出关系，p 严格蕴涵 q，当且仅当并非可能 p 真而 q 为假，即 ¬ ◇（p ∧ ¬ q）。这样一来，C. I. Lewis 在现代逻辑史上第一次将模态算子引入逻辑演算过程中来，用以表达一种逻辑推演的关系。其后的逻辑学家则在此基础上提出了多个模态命题逻辑的运算系统，如 K、D、T、S4、S5 以及 B 等。其中，K 系统是在经典命题演算的基础上增加一个 K 公理（□（p→q）→（□p→□q））和一个初始规则（⊢ a⇒⊢□a）得到；模态系统 D、T 则是对 K 分别增加 D 公理（□p→◇p）和 T 公理（□p→p）得到；S4 和 S5 则是在 T 系统上分别加入公理 4（□p→□□p）和公理 E（◇p→□◇p）得到；而 B 系统则是在 T 系统中加入公理 B（p→□◇p）得到。

　　可以看出，模态命题演算系统是在经典逻辑的基础之上增加了"必然性（□）"和"可能性（◇）"这些模态算子得到的，模态命题逻辑系统可以看作对经典逻辑的直接扩张。在多个模态命题演算系统被提出之后，关于这些模态命题演算系统，一个直观的问题就是：这些系统哪个是有效的？这个问题在 20 世纪上半叶深深困扰着模态逻辑的倡导者：如果只有一个系统是有效的，那么其有效性何在？其他的系统又为何不是有效的？因为这些系统也都符合人们关于模态算子的直觉观念。而如果这些逻辑系统都是有效的话，它们又是在何种意义上是有效的？不能为这些模态命题逻辑演算系统提供一种可行的语义解释，使得模态逻辑在 20 世纪上半叶在逻辑学界饱受质疑，并且极大限制了模态逻辑的进一步发展。

　　模态命题演算系统是在经典逻辑的基础之上增加了"必然性（□）"和"可能性（◇）"模态算子得到的，因此模态命题逻辑的语义学理论的核心是如何解释这些模态算子,并在解释模态算子的基础上构建自己的有效性理论。为了解释这些模态算子,哲学家提出了各种方案,其中最为著名的是克里普克的可能世界语义学方案。克里普克首先将可能世界定义为事物的各种可能状态的总和,而现实世界是一种已经实现了的可能世界。在可能世界概念的基础上,克里普克认为,一个命题是必然性的,当且仅当它在所有的可能世界(包括现实世界)都为真;一个命题是可能的,当且仅当其至少在一个可能世界是真的。如果将可能世界的集合记作 W,其中的元素 w_0、w_1、w_2……等则表示不同的可能世界。可能世界之间也存在不同的联系,如果 w_1 对 w_0 而言是可能的,则我们称为 w_0 和 w_1 之间存在可及关系,可及关系在逻辑上一般用 R 表示。引入可及关系之后,模态算子可以得到更精确的表达:一个命题在 w_0 是必然的,则它在 w_0 的所有可及世界里都是真的。在可能世界和可及关系的直观基础上,克里普克引入了框架(frame)、模型(model)、模型有效、框架有效、模型类有效、框架类有效等概念对模态逻辑的语义进行了严格地说明和定义,具体的定义参见周北海的《模态逻辑引论》①与李小五的《模态逻辑》②。其中,框架是一个二元组(W,R),用来表达可能世界上的可及关系;而模型(W,R,V)是一个三元组,其中的 V 表示一个合式公式在(W,R)上的赋值。可能世界语义学解决了长期困扰模态逻辑的语义问题,在这种语义解释下,模态逻辑的有效性概念和完全性概念都得到了刻画和证明,不同的模态命题演算系统之间的区别也因此主要表现在它们表达的是可能世界之间的不同的可及关系,如自返性、传递性等。逻辑学家 Blackburn 和 Ri-

---

① 周北海:《模态逻辑引论》,北京大学出版社 1997 年版,第 91—97 页。
② 李小五:《模态逻辑》,中山大学出版社 2005 年版,第 130 页。

jke 把克里普克所建立的语义学称为对模态逻辑研究的"革命性贡献"①，并认为除了这个语词，其他的语词都不足以说明这种语义理论的巨大贡献。现在可能世界语义学已经成为对模态算子的标准解释。

模态谓词逻辑是以从物模态命题推理为研究对象的逻辑。模态谓词逻辑是在模态命题逻辑上引入个体词、量词和谓词而得到的，模态谓词逻辑也因此被称为模态命题逻辑的量化扩张，迄今为止，模态谓词逻辑已经出现了 QK + Bf、QT + Bf 等众多逻辑句法系统。模态命题逻辑是在一阶命题逻辑的基础上，引入可能世界和可及关系的概念，解决了从言模态命题的语义解释问题。而对于模态谓词逻辑而言，其语义理论要解决的核心是如何在模态命题逻辑的基础上对可能个体的性质进行解释。

可能世界语义学为了解决模态谓词逻辑的语义问题，在可能世界的基础上引入可能个体域这个概念。设 w 是任一可能世界，w 中的所有个体的集合则被称为个体集，用 H（w）表示，则 H 是一个关于 w 的函数，相对于不同的 w，相应的函数的值则表达的是该可能世界的所有个体。设 D 是所有可能世界中的个体的总和，即 D = ∪H（w）。则相应于任一框架（W，R）都可以得到该框架的一个个体域，包含量词的模态量化式由此可以得到赋值。在此基础上可能世界语义学定义了模态谓词逻辑的模型、框架和有效性。

蒯因对模态逻辑，尤其是模态谓词逻辑持强烈的批评态度，并因此成为对可能世界语义学的最大反对者。蒯因认为不同的模态逻辑类型具有不同的逻辑基础和哲学后果，克里普克的语义学虽然是一种有力的对模态逻辑语义学说明的工具，但是蒯

---

① Blackburn, Rijke, Venema, *Modal Logic*, Cambridge：Cambridge University Press, 2001, p. 41.

因认为在形而上学的层面，可能世界会有很多的理论困境，并会导致很严重的哲学后果，因此，对于克里普克的语义学，蒯因在不同的场合都表达出自己的否定性看法："可能世界的观念的确有助于模态逻辑语义学，而且我们理应认识到它的贡献和价值：它导致了克里普克的超长且重要的模态逻辑模型论。模型提供了一致性证明；它们还有着启发性的价值；但是它们并不构成解释……我可以愉悦地阅读克里普克，同时鼓励自己努力去展示模态学者们所编制的一张多么杂乱的网。"[1] 而在另一次接受英国电台的采访时，蒯因更是毫不隐晦自己对可能世界语义学的反感："摒弃必然概念就是摒弃可能概念，存在一种关于可能世界的时髦哲学，但它在我的哲学中连梦都算不上。"[2]

二 包含模态的三个层次

尽管反对模态逻辑一直是蒯因长期坚持的观点，而实际上，蒯因反对的主要是模态量化逻辑，而非全部的包含模态算子语句的逻辑系统。蒯因把包含模态的句子分为三种情况，即他所言的包含模态的三种层次，并区别对待。需要说明的是，鉴于必然、可能、不必然以及不可能等模态算子之间的可相互定义性，蒯因只是选取了"必然"这个算子作为考察对象。

（一）语词的使用和提及

在区分包含模态语句的三个层次时，蒯因反复提及了语词的使用（use）和提及（mention），语词的使用和提及在区分包

---

[1] Quine, *Theories and Things*, Cambridge：Harvard University Press, 1981, p. 174.

[2] Quine, Magee B., "The Ideas of Quine", Quine D. & Follesdal D. (ed.), *Quine in Dialogue*, Cambridge：Harvard University Press, 2008, p. 66.

含模态的三个层次的时候占据着核心的位置。因此在论述包含模态的三个层次之前，我们首先要关注的是什么是语词的使用和提及。

在一个形如"北京是中国的首都"这样的句子中，"北京"这个名字用来指称一个独一无二的对象，并且"是中国的首都"这个谓词是用来谓述"北京"这个名字所指称的对象的，即这个句子的含义是"北京这个名字所指称的对象是中国的首都"。而在"'北京'是由两个汉字构成的"这句话中，"北京"虽然依然是一个名字，但"由两个汉字所构成"这个谓词并不是用来谓述"北京"这个名字所表示的对象的，而是用来谓述这个名字本身，即"北京这个名字本身是由两个汉字所构成的"。相对而言，前一种情况，就是语词的使用；而后一种情况，则是语词的提及。

一般而言，一个语词在一个语句中被使用，指的是这个语词在这个语句中被用来指称语言之外的某个对象，蒯因把名字被用来指称对象的这种关系称为命名（naming）。而如果一个语词在一个句子中不是用来命名，而仅仅是用来表达语言表达式本身，那么这个时候，语词就是在被提及（mention）。

不仅是语词存在被使用和被提及的区分，其他的符号也存在被使用和被提及的区分。如在一个逻辑系统中，对于"合取（∧）"这个连接词，我们的语义解释是："φ 和 ψ 是一个合式公式，$\varphi \wedge \psi$ 在模型 M 中是真的，当且仅当 φ 在 M 中是真的，并且 ψ 在 M 中是真的。"在这个语句中，φ 和 ψ 的位置可以代入任何合式公式，当且仅当代入 φ 和 ψ 的合式公式都是真的，整个合取式才是真的。在这句话里，φ 和 ψ 就是用来表示合式公式的名字，而不是用来表达自身，因为 φ 和 ψ 这些拉丁字母本身是没有真假可言的。φ 和 ψ 在这个语句中就是被使用的，而不是被提及。

一般而言，在日常语言中我们能很清楚地区分语词是在被使用还是被提及。而且，在标准的书面语言中，如果语言是被提及，我们一般用加引号的方式加以说明，如"'北京'是由两个汉字构成的"这句话里，北京两个字被用加引号的方式引出，用来表示"北京"这个语词在此不是用来命名对象，而是用来表示语言表达式自身。但是，鉴于加引号做法的复杂性以及很多句子表达情况的复杂性，很多语词在语句中是被使用还是被提及，其情况也变得复杂起来。而蒯因区分模态三个层次的标准就是语句以及语词的使用和提及的不同情况。

（二）包含模态的三个层次

蒯因认为包含模态算子的语句可以归为三个不同的类型进行考察，而这三种包含模态算子的语句类型具有不同的逻辑基础和哲学意义，因此蒯因对它们的态度各不相同。蒯因根据自己对这三种情况态度的不同而将其归入三个层次，其中包含模态的第一个层次经过解释后蒯因勉强可以接受，而第三个层次蒯因则将其称为"一场灾难"。而第三种情况就是模态算子加诸对象之上的语句（de re），这是模态谓词逻辑的主要研究对象。

包含模态算子的第一个层次在蒯因看来，是指模态算子加诸句子的名字上的情况，如：

（1）"9 > 5"是必然的（Nec "9 > 5"）。

（2）斯特姆定理是必然的［Nec（Sturm's theorem）］。

（3）"拿破仑从厄尔巴岛逃脱"是必然的（Nec "Napoleon escaped from Elba"）。

在这些句子里，模态算子被加诸句子的名字上，充当了语义谓词的角色，表示其后所跟的句子是"必然真的"。

包含模态的第二层次是模态算子加诸句子中，并成为句子的一部分。模态算子在这里成为逻辑算子，类似于"并非"加诸一个句子前面，从而成为句子的一部分。如：

（4）9>5 是必然的（Nec（9>5））。

（5）拿破仑从厄尔巴岛逃脱是必然的（Nec（Napoleon escaped from Elba））。

从直观上看，包含模态的第一个层次和第二个层次其重要的区别就是前者将模态算子加诸一个带引号的句子之上，而后者则是模态算子直接加诸一个句子之上。而包含模态的第二个层次相当于现代逻辑所谓的从言模态的情形。

包含模态的第三个层次在蒯因看来是将模态算子加诸开语句上的情形。而这种情形就是现代模态逻辑中所谓的从物模态。如：

（6）∀xNec（x>5）。

（7）∃xNec（x>5）。

蒯因认为包含模态算子的这三个层次，建立在不同的逻辑基础之上，并会带来不同的哲学后果。在包含模态的第一个层次里，模态算子加诸一个带引号的句子之上，引号里的语句相当于一个句子的名字，模态算子在此表达了这个句子的名字所指称的句子的一种性质，即句子必然是真的。在这里模态算子表明了句子的必然有效性概念，表达了蒯因"逻辑真"的观念，在这个意义上，蒯因认为包含模态算子的第一个层次是可以被接受的——"只要必然被用在语义研究上用来表达真值函项的有效性，或者量化式的有效性，或者集合理论的有效性，或者其他类似的情形，关于作为语义谓词的必然性的逻辑一直是证

明论中意义和中心的主线"①。不过蒯因认为包含模态的第一个
层次暗藏着一个潜在的哲学危险，那就是在这个层次上，有些
逻辑学家试图将模态算子加诸句子的名字上，用来表达分析命
题，如将必然算子加在句子"所有的单身汉都是没结婚的"前，
用来表示这个语句是分析命题，以示与综合命题相区分。分析
命题和综合命题的区分是蒯因所一直反对的观点，并被蒯因称
为经验主义的第一个教条而加以批驳。在传统哲学里，哲学家
们经常用必然性来定义分析性，然后用保真替换性来说明什么
是必然性，而当问及保真替换性何以可能的时候，哲学家们的
回答是因为这些词组是同义的，而语词的同义性是一个语法学
家关注的问题，一个语法学家衡量语词是否同一的时候求助的
就是保真替换、必然性以及分析性等概念。这样一来，在蒯因
看来，分析性、必然性、保真替换性和同义性四个概念是相互
定义并循环论证的，虽然这种论证不是一种直截了当的循环论
证，但"类似于循环论证，打个比方来说，它在空间上有着一
个封闭曲线的形状"②。正是这种循环论证使得蒯因认为我们根
本不可能在分析命题和综合命题之间划出明确的界限，换言之，
蒯因对分析性的概念是拒斥的，因此他也不赞同用模态算子加
诸语句上面的方式来表达分析命题。

包含模态算子的第二个层次是把算子加诸闭语句上，这种
情况相当于中世纪逻辑学家所说的 de dicto 的情形，即从言模
态。蒯因认为，如果把模态算子加诸句子中的情形转换为第一
种情形，即将模态词看作语义谓词，用来表达逻辑有效性时，

---

① Quine, "Three Grades of Modal Involvement", *The Ways of Paradox and other Essays*, New York: Random House, 1966, p. 169.

② Quine, "Two Dogmas of Empiricism", *From a Logical Point of View*, Cambridge: Harvard University Press, 1980, p. 30.

这种解释是能够接受的，因为"只有在语义学或证明论的层次，通过讨论语言表达式以及其在各种替换后的真值情况，我们才会对逻辑有效性有一个清楚而有用的表述，而正是逻辑有效性最接近于'必然'这个算子的内在属性，即作一个语义谓词"①。但蒯因认为，从历史的角度来说，将模态算子加诸句子中是一种历史的错误，这种包含从言模态的句子混淆了对象语言和元语言两个不同的层次——试图在对象语言里解释一个句子的元语言性质。并且，蒯因认为，从历史的角度来看，严格蕴涵这个概念就是建立在混淆"蕴涵"和"条件句"两种不同的复合句子之上。在蒯因看来，蕴涵（implication）和条件句（conditional）是不同的，虽然它们两者之间是密切相关的：只有条件句是有效的，相关的蕴涵才成立。两个句子通过条件句联结词"如果……，那么……"的连接作用，组成一个复合句，表明前件所表达的事物状况与后件所表达的事物情况之间的条件性关系——如果前件所言的情况是真的，那么后件所言的情况一定是真的，在逻辑学里，我们一般用"→"表示这种条件性（蒯因的时代，条件性用"⊃"表示，为同一起见，我们用"→"表示这种条件性，以下行文与此相同——笔者注）。在条件句里，符号"→"相当于一个语句联结词，连接着两个语句并构成一个复合句。而蕴涵的情况是不一样的，当我们说"¬ p 蕴涵 ¬ （p∧q）"，我们所表达的是一种推理的有效性，即相应的条件句 ¬ p→¬ （p∧q）是有效的。蕴涵表明的是句子的一种元逻辑性质，因此在蕴涵的表达式中，¬ p 和 ¬ （p∧q）都是句子的名字，而不是句子本身。在条件句 p→q 中，p 和 q 都是句子的组成部分，p 和 q 是代表句子被使用（use）的情况。而

---

① Quine，"Three Grades of Modal Involvement"，*The Ways of Paradox and other Essays*，New York：Random House，1966，p.166.

在蕴涵中，p 和 q 只是作为句子的名字出现的，是一种名字被提及（mention）的情形，p 和 q 在条件句和蕴涵中充当的角色是不同的。在蒯因看来，正是刘易斯对蕴涵和条件句的混淆，才导致了对蕴涵概念改进的"严格蕴涵"，从而出现使得必然性算子直接加诸语句之上的情形。

包含模态的第三个层次，就是将模态算子加诸开语句的情形，这就是模态逻辑所谓的从物模态。蒯因认为，包含模态算子的这个层次存在着一系列的哲学困境，并且对这个层次的语句进行量化将会导致一系列的理论灾难，因此包含模态的这个层次被蒯因所质疑并作为批评的重点。相对于将模态算子加诸闭语句之上的第二个情形，将模态算子加诸开语句之上的第三种层次在蒯因看来，是"一场灾难"①。而这一部分也是本章的重点，这个问题将在接下来的一节详细论述。

总之，关于模态算子，蒯因能接受的情形就是它们在句子里充当语义谓词，用来表示逻辑必然性，因为在蒯因看来"必然性存在于我们讨论事物的方式中，而不是存在于我们所讨论的事物中"②，而作为语义谓词正是表达了这种情形。如果将模态算子作为语句的算子，特别是加诸开语句中，其哲学的后果就是向亚里士多德式的本质主义的复归，而在蒯因看来，把什么当作一个对象必然具有的属性和把什么当作一个对象偶然具有的属性是一个令人费解的问题，他对本质主义持拒斥态度，连带地，他也反对整个模态谓词逻辑系统。

---

① Quine, "Three Grades of Modal Involvement", *The Ways of Paradox and other Essays*, New York: Random House, 1966, p. 170.

② Ibid. , p. 174.

三 模态谓词逻辑的理论困难

（一）指称不明

在第四章"没有同一性就没有实体"里，笔者详细论证了蒯因如何将同一这个概念引入指称的发生史中并在此基础上指出个体词"卡斯特河"与普遍词"红"之间的区别：当我们通过实指的方式说"这是卡斯特河"的时候，虽然每一次所指的是一条河的不同的位置，但是通过数次的实指，我们不断地把同一性赋予同一个对象，并由此扩大了听者对对象范围的认识，"卡斯特河"这个语词最终是一个耗时的瞬间片段的总和。与此相对应的是，在实指的过程中，我们指向红色的房屋、红色的太阳和红色的玫瑰花，说"这是红色的"，我们却不是把同一性赋予一个对象从而汇合成一个耗时的瞬间片段的总和，充其量顶多是把同一个属性赋予每一次指称的对象。蒯因在此基础上进一步认为，对于普遍词，我们没有必要假定一个共相或者一个属性与之相对应，而实际上我们可以有意义地谈论红的房屋、红的玫瑰花、红的落日而在本体论上否认有一个"红性"（redness）这样的抽象实体与之相对应。实际上，当我们在不同的场合指向不同的对象并断言"这是红色的（This is red）"时候，我们只是在表明"红色的（red）"这个语词的方法。正是因为同一这个概念在实指的过程中起着核心的作用，蒯因提出了"没有同一性就没有实体"的著名观点。在此基础上，个体词因为具有明晰的同一性的标准而被蒯因当作日常语言中表达指称的重要装置（相对普遍词而言），使用个体词，一般而言，就是在为相应的事物命名。而判定一个词项是否是名字（或个体词）的标准就是看其是否进入同一性语境，所谓同一性语境在蒯因看来就是服从同一物的不可区分原理："在一个给定的语境中，判定一个词项是否被用来作为一个东西的名字就是看这个词项在此语境中是否被认为是服从同一性法则，即相同的东西代替相同的东西的规律的"①，个体词、同一与指称三个概念就这样密切联系在一起。

而蒯因所谓的同一性法则，在现代逻辑里也被称为同一物的不可区分原则，或同一物的可替换原理。这条规则说的是："给定一个关于同一性的真陈述，可以用它的两个词项中的一个替换另一个出现在任一陈述中的词项，而其结果是真的。"② 有逻辑学家把这条规则形式化为"$\forall x \forall y ((x=y) \wedge Fx \rightarrow Fy)$"，即对任一语词 x 和 y 而言，如果 x 和 y 是等值的，那么如果 F 能够谓述 x，则 F 能够谓述 y。蒯因将这条规律称为支配同一性的基本规律，鉴于同一与指称的紧密联系，这一条规律也是关于指称的基本规律。在通常情况下，这条规律适用于任何等词的相互替换的情况，如："晨星"和"暮星"指称的同一个对象，根据同一的不可区分原则，由句子"晨星＝暮星"和"晨星是行星"，我们可以推知"暮星是行星"这个命题也是真的。

但在一些特殊的语境中，同一的可替换规律会失效，即等值替换后会使得一个原本真的句子变为假的。蒯因将可替换原理失效的情况总结为三种。第一种情况是带有引号的引语的情况，如：对于语句""Cicero'包含六个字母"而言，虽然"Cicero"与"Tully"指称同一个对象，但用"Tully"替换"Cicero"所得到的语句""Tully'包含六个字母"却是假的。

---

① Quine, "Identity, Ostension and Hypostasis", *From a Logical Point of View*, Cambridge: Harvard University Press, 1980, pp. 75 – 76.

② Quine, "Reference and Modality", *From a Logical Point of View*, Cambridge: Harvard University Press, 1980, p. 139.

第二种情况是包含命题态度（propositional attitude）的语句，即一个句子包含在另一个句子中，而其连接的语词是"不知道"、"相信"、"怀疑"、"感到惊奇的是"、"说"等。第三种情况是包含模态算子的语句。语句"9 必然大于 7"与"9 = 行星的数目"是真的，但如果以"行星的数目"替换"9"所得到的语句"行星的数目必然大于 7"却是假的。

蒯因认为，这些语境之所以会导致等值替换律的失效，是因为等值替换律只适用于词项在句子中是用来命名和指称对象的语境，即语词在句子中是纯指称性质的（pure referent），而一个个体词的纯指称性出现，指的是这个个体词在语句中出现只是用来指称它所表达的对象。如，在句子"Cicero is a great philosophier（西塞罗是一位伟大的哲学家）"中，"Cicero"用来指称 Cicero 所代表的人，"是一位伟大的哲学家"表示的是 Cicero 所指称的人的一种性质，因此在这个句子里，Cicero 的出现就是纯指称性的。而包含模态算子的语句会引发造成隐晦语境（opaque context），从而使得个体词在其中不再是纯指称性的。在句子"'Cicero'包含六个字母"中，语词"Cicero"的出现就不是纯指称性的，因为 Cicero 在这里并没有指称其所代表的人，"包含六个字母"表达的只是语词本身的性质，而不是语词所代表的人的性质。9 与行星的数目是等值的，即"9 = 行星的数目"，已知"9 必然大于 7"是真的，但之所以以"行星的数目"替换"9"所得到的语句"行星的数目必然大于 7"却是假的原因，在蒯因看来，是因为在句子"9 必然大于 7"中，模态算子"必然"造成了隐晦语境，从而使得 9 在这个句子中不是纯指称的，"必然大于 7"对于"9"而言，也不再是 9 所指称对象的性质，而是某种特定的对语词"9"的指称方式，由此等值替换规则失效。

　　同一的替换规则的失效对于 de re 模态语句所造成的结果就是可能个体的同一性问题无法被有意义地讨论，这是蒯因反对模态谓词逻辑的一个重要论据。蒯因认为，本体论问题绝不是可有可无的一个形而上学的问题，而是一个关于我们如何使用语言并构建我们概念框架的核心问题，哲学和所有的科学只能通过谈论语言的方式来谈论我们所处的外部世界，因此哲学和所有的科学都必须面对本体论的问题。而关于本体论，一个首要的问题就是何物存在？蒯因认为谈论何物存在归根到底是谈论我们选择以何种的概念框架来接纳经验刺激的问题，也正是在这个意义上，蒯因认为古老的唯名论和实在论之争是一种"虚假的偏好"①，因为无论在本体论上是坚持个体还是抽象属性的存在，其归根结底不是关于外部世界何物存在的问题，而是我们关于如何构建和选择语言框架的问题。而在本体论上，蒯因坚持认为，没有同一性就没有实体。而为了解释模态谓词逻辑，克里普克提出了可能个体的概念，而蒯因认为对可能个体是无法有意义地讨论同一性问题的，蒯因以举例的方式来说明可能个体的同一性问题："在门口那个可能的胖子；还有在门口那个可能的秃子。他们是同一个人，还是两个可能的人？我们怎样判定呢？在那个门口有多少可能的人？可能的瘦子比可能的胖子多吗？他们中有多少人是相似的？或者他们的相似会使他们变成一个人吗？没有任何两个可能的事物是相似的吗？这样的说法和说两个事物不可能相似的，是一样的吗？最后，是否同一性这个概念干脆就不适用于未现实化的可能事物呢？但是谈论那些不能够有意义地说它们和自身相同并彼此相异的事

① Quine, *Word and Object*, Cambridge: The MIT Press, 1960, p. 77.

物究竟有什么意义呢?"① 蒯因还因此把这种包含可能个体的本体论称为"滋生不法分子的土壤"②。在此基础上,蒯因认为,对可能个体不能有意义地谈论同一性问题是量化模态逻辑的重要理论困难。

(二) 存在概括规则失效

模态语境不仅会造成个体词的异常,即个体词的等值替换律失效,与此同时,对模态语境进行量化,也会造成量化的基本规则,即存在概括规则的失效。经典逻辑里有四条基本的量化规则:全称概括规则、存在概括规则、全称枚举规则和存在枚举规则。其中的存在概括规则,也被称为存在量词引入规则(∃-introduction),用符号表示为: A(t),⊢∃xA(x),其中 t 是任意的可以对 x 代入的项,可以是个体变元,也可以是个体常元。存在概括规则说的是:如果一个事物对某一个有名字的事物成立,那么它也将对至少一个事物成立,存在概括规则是量化的一条基本规则。

在通常的情况下,从"苏格拉底是有死的"这个前提出发,我们可以推出"某事物是有死的",存在概括规则说的是,凡是对一个由个体词命名的事物成立的东西也是对某事物成立的,而这条规则成立的前提是这里的个体词是在命名,即是单称的指称性的,而如果个体词在语句中不是在命名,这条规则就会失效。如,对于语句:

(1) 9 必然大于 7。

进行存在概括,会得到一个量化式:

① Quine, "On What There Is", *From a Logical Point of View*, Cambridge: Harvard University Press, 1980, p. 4.

② Ibid. .

（2）∃x（x 必然大于 7）。

这个量化式的含义是：存在着某个事物 x，这个 x 必然大于 7。现在的问题是：这个必然大于 7 的事物是什么呢；根据语句（1），我们可以推知是 9 必然大于 7；而已知"9 = 行星的数目"，根据同一的可替换原理，对"9"来说真的陈述应该来说对"行星的数目"也是真的，但如果将"行星的数目"代入（4）中，所形成的句子：

（3）行星的数目必然大于 7。

却是假的。

同样的情形也发生在其他指称不明的语境。对于语句

（4）"Cicero"包含六个字母。

进行存在概括，会得到一个量化式：

（5）∃x（"x"包含六个字母）。

这个量化式的含义是：存在着某 x，x 包含六个字母，即某物 x 包含六个字母，也即字母表中的第二个字母包含六个字母。这样一来，我们从一个真的前提，会得到一个假的结论。

蒯因认为，之所以存在概括规则在这些指称不明的语境中失效，是因为量化的基本规则都只适用于语词在语句中是用来表达指称的情形。而量化规则不过是将哲学中的关于指称的观点用逻辑的公式表达出来。而在模态语境中，个体词语境不是纯指称性质的，如果把量词应用于一个指称不明的词组，其实质就是使量词从这个指称不明的语词之外约束这个变元，其结果总是会得到无意义的话或是不具有我们想要表达含义的话。因此蒯因反对对指称不明的语境进行量化。

（三）承诺本质主义

模态语境在蒯因看来存在两个理论困难，一方面，模态算

子会造成指称不明的语境并引发同一的等值替换规律失效；另一方面，对模态词组进行量化，会使得量化的存在概括规则失效。在此基础上，如果逻辑学家想继续对模态语境进行量化，则不得不承认对于量化式"∃x（x 必然大于 7）"而言，之所以"9"代入后所形成的语句"9 必然大于 7"是真的，而以"行星的数目"代入之后所形成的语句"行星的数目必然大于 7"是假的，是因为"9"表达的是其所指称对象的本质属性，而"行星的数目"表达的不是其所描述的对象的本质属性。这样一来，坚持对模态语境进行量化，其哲学的最终归宿只能是本质主义。

而本质主义是蒯因所不赞同的哲学观点，因为在蒯因看来并没有一个客观的标准来区分什么属性对于一个事物来说是本质属性，而其他的属性只是偶然的属性——"如果你检验一下这个副词（即'必然地'——作者注）的普遍用法，你就会发现没有任何将陈述句化为必然的东西和偶然的东西的稳定的划分。"[①] 蒯因也曾经用"骑自行车的数学家悖论"来揭示本质主义的困境："数学家们很可能被认为是必然有推理能力的，而并非必然地有两条腿；骑自行车的人必然有两条腿，而并非必然是有推理能力的。但如果对于一个既是数学家又是骑车的人来讲情况是怎样的？这个具体的人到底是必然地具有推理能力而偶然地有两条腿，还是必然地有两条腿而偶然地有推理能力呢？"[②] 从这样的悖论出发，蒯因认为，相对于我们的谈论对象而言，把某些属性归为本质属性或把某些属性归为偶然属性是没有意义的。蒯因的关于作为数学家的骑车人悖论旨在表明，

---

① Quine, Magee B., "The Ideas of Quine", Quine D. & Follesdal D. (ed.), *Quine in Dialogue*, Cambridge: Harvard University Press, 2008, p. 13.

② Quine, *Word and Object*, Cambridge: The MIT Press, 1960, p. 199.

本质是相对于人们的兴趣而言的，并非脱离兴趣而处于世界本身之中。因此，蒯因反对本质主义的观点，连带地对模态谓词逻辑也持批评态度。

蒯因的批评和质疑对模态谓词逻辑的发展提出了巨大的挑战，卡尔纳普在评述模态谓词逻辑的发展历程的时候，曾认为蒯因对模态谓词逻辑的打击是毁灭性的："如果不能消除这些困难，没有任何模态谓词逻辑能建立起来。"① 而鉴于模态逻辑对于很多新兴逻辑类型的基础性作用，蒯因对模态谓词逻辑的批评也对很多的哲学逻辑分支提出了巨大的挑战，逻辑学家 Lindstrom 和 Segerberg 曾经指出："蒯因的论证（指称不明——作者注）对表达信念、反事实条件句、可能性以及伦理学中的算子，如'……是必须的'，'……是允许的'都是适用的，蒯因的这个论证如果是正确的，这些领域都将因此坍塌，其带来的结果将是毁灭性的。"②

为了回应蒯因对模态谓词逻辑的批评，模态逻辑的支持者提出各种解决的办法和方案。其中以马库斯和克里普克所倡导的替换量化理论最为著名。替换量化坚持对语言类的量化，设 ψ 是一个只有一个自由变元 x 的公式，一个全称量化式 ∀xψ 是真的，当且仅当 ψ 的所有替换例都是真的，一个存在量化式 ∃xψ 是真的，当且仅当至少有一个 ψ 的替换例是真的，其中 ψ 的替换例指的是用 x 的一个语言表达式替换掉 ψ 中的 x 所得到的句子。替换量化意图割断了量化与本体论以及指称之间的关系，并提出了新的关于真、同一以及本质主义的理论。在这样

---

① Carnap R. , "Modalities and Quantification", *The Journal of Symbal Logic.* Vol. , 11, No. 2, 1946, p. 64.

② Lindstrom S. , Segerberg K. , "Modal Logic and Philosophy", Blackburn P. , Benthem J. , Wolter F. （ed. ）, *Handbook of Modal Logic*, Amsterdam and Boston: Elsevier, 2007, p. 1150.

的替换量化的解释下，存在概括规则不再失效，对指称不明的语境也可以进行量化。并且在这样的量化解释下，模态逻辑拥有了自己在逻辑中的合法地位。模态逻辑在 20 世纪后半个世纪的蓬勃发展，都得益于替换量化解释对其的"正名"。而关于替换量化，第五章将进行详细的论述。

需要强调的是，蒯因对模态谓词逻辑的批评促使了模态逻辑的研究从句法系统的研究向语义研究的转向，甚至模态逻辑和高阶逻辑就是在不断回应蒯因挑战的过程中前进，所以逻辑学家尼尔森指出："蒯因为英美哲学，还可能为一切哲学，确立了从大约 20 世纪 50 年代至少到 80 年代的议程表。在那一时期工作的哲学家，无论谈论蒯因所触及的众多主题中的哪一个，只有冒着自身的危险才敢忽略蒯因的观点。"①

第五章

一种质疑的方案——替换量化理论

为了回应蒯因对模态逻辑的诘难，模态逻辑的支持者提出了另外一种量化解释的方案——替换量化，替换量化的代表人物是马库斯和克里普克。马库斯和克里普克摒弃了蒯因将公式中的字母分为模式字母和变元的做法，而认为即便是名字也可以不用涉及指称问题，一个全称量化式是真的，当且仅当所有的替换例是真的，是假的当且仅当有替换例是假的。替换量化通过消解变元的值这个概念的方式，试图取消量化与本体论承诺之间的关系；并且在替换量化方案的基础上，他们对指称、同一和本质主义提出了新的看法和观点。替换量化希望用这样的方案来回应蒯因对模态逻辑的诘难，并为模态逻辑"正名"。

关于替换量化，有两点需要强调。首先，替换量化的倡导者们的初衷是为模态逻辑辩护，然而因为其对对象量化的拒斥和反对在一定程度上为一阶逻辑以外的所有逻辑系统"正名"，因此替换量化也受到了高阶逻辑和其他一些新兴的逻辑类型和哲学逻辑类型的倡导者们的拥护。其次，替换量化内部，也有激进和温和之分，总体而言，激进的替换量化的倡导者强调替换量化和对象量化关系的不可调和性，而温和的替换量化者则强调替换量化可以适用于一定的语言片段并且不违反对象量化的基本原则，马库斯属于前者，克里普克属于后者。尽管如此，

激进的替换量化者和温和的替换量化者在一些核心问题上还是
保持着观点的一致性。

关于替换量化，本章主要讨论以下四个问题：（1）替换量
化所认为的对象量化的理论困难；（2）什么是替换量化；（3）
替换量化下的本体论承诺；（4）新的关于同一的观点和新的关
于本质的观点。

一　替换量化对对象量化的批评

（一）语言表达能力有限

在用量化理论分析本体论的时候，蒯因所持的量化观点有
两个显著的特点。首先，在量化式中变元的位置只可以代入个
体词。其次，一个量化式为真，当且仅当存在对象（对存在量
化式而言）或所有对象（对全称量化式而言）满足量词后面的
开语句，因为量词域是由一系列的对象所组成，而对名字的指
派都是指派了量词域中的对象和个体，因此一个量化式∃xFx 是
真的当且仅当有某个对象是 F。这种量化理论是典型的一阶量
化，即对个体域的量化。这样的量化是排斥高阶逻辑的，因为
它不允许在变元的位置代入谓词，即不允许出现∃xF（Gx）的
情况。同时，这样的量化理论也是排斥模态逻辑的，因为可以
满足量词后面的开语句的只能是对象，而不允许是不同模型
（model）下的可能个体。正是基于一阶量化，蒯因对高阶逻辑
和模态逻辑展开了激烈的批评。

马库斯（Ruth Barcon Marcus）是著名的逻辑学家，也是模
态谓词逻辑的开创者之一。为了维护模态逻辑的合法地位，马
库斯提出了替换量化理论，并以此对蒯因关于模态量词逻辑的
批评进行回应。在马库斯看来，模态逻辑对于很多重要问题的

解决是很有用的，这些问题包括对因果关系、蕴涵以及对义务和信念等概念的分析。马库斯认为对象量化理论是一种过于苛刻的理想化的方案，因而是不足以表达和分析日常语言中很多经验性的陈述的，而她所提出的替换量化理论弥补了此项不足。总体而言，马库斯认为以下三类日常语言的表达在对象量化中无法得到刻画①。

　　首先，很多与时态有关的语句在一阶量化下无法得到刻画。如对于语句"曾经至少有一位女士幸存下来（There was at least one woman among the survivors）"，这样的用过去时态表达的语句，表明这个对象现在已经不再存在，对于这样一个曾经存在现在已不存在的对象，对象量化的量词域是否应该包含这样的个体？另外，对于"约翰上课经常迟到（John is always late for class）"这样的包含时间副词（always）的语句，对象量化也无法刻画，因为对象量化量词域里只包含物理对象和数，而不包含这样的时间点。

　　其次，一阶量化处理不了包含非存在语词的语句的推理问题。例如对于语句"匹格萨斯是一匹有翼的马（Pegasus is a winged horse）"，在这个语句中，匹格萨斯作为神话故事中的一个事物，在现实生活中是不存在的。但不可否认的是，虽然匹格萨斯不存在，但在这里，整个句子是真的。对这样的包含非存在的名字的语句进行存在概括，则会得到语句：

　　∃x（x is a winged horse）

虽然前提是真的，存在概括的结果则是荒谬的，存在概括规则因此失效。

　　最后，一阶量化处理不了包含模态算子的语句的推理问题。

　　① Marcus R. B., "Interpreting Quantification", *Inquity*, Vol. 5, 1962, pp. 252 - 259.

如语句"必然地暮星是暮星",对其进行存在概括,则有语句:

$$\exists x \square\,(x = 暮星)$$

这个语句在蒯因看来是荒谬的,并且也是蒯因反对模态逻辑的重要原因。在蒯因看来,我们已经知道"必然地暮星是暮星"和"暮星是晨星"这两个语句都是真的,但这个"必然是暮星的对象"是什么呢?是暮星的话,根据同一的不可替换性原理,可以代入"晨星"而原来句子的真值应该保持不变,而实际上,当我们代入"晨星"后,这个句子却变为假的,因为晨星和暮星的同一是经验的同一,而不是先验地必然的同一,所以在这样的模态语境下,存在概括是失效的。而如果一定要承认这样的语句的真值,就必然要向"亚里士多德的古典本质主义的回归"①,蒯因是不赞同本质主义的观点的,因为在蒯因看来把什么当作一个对象的必然具有的属性和把什么当作一个对象偶然具有的属性是一个令人费解的问题,因而蒯因反对对模态语境进行量化。而马库斯却认为,蒯因之所以会有这样的悖论式的结论是因为他坚持对这个句子进行了对象量化式的解读,而正是对象量化式的解读使得一阶逻辑自身的语言表达能力有限。

(二) 对量词域的质疑

基于对一阶量化的语言表达能力的质疑,马库斯对"量词域"这个概念本身提出了质疑。在替换量化者看来,将量词域设定为个体是对象量化的最根本错误,而正是这一点大大限制了一阶量化的表达能力。

---

① 〔美〕蒯因:《指称与模态》,载《从逻辑的观点看》,陈启伟、江天骥等译,中国人民大学出版社 2007 年版,第 141 页。

马库斯认为，虽然蒯因一直强调逻辑的"话题中立"，因此对于量词所涉及的域，其笼统的说法总是"对任一事物"。然而，在其讨论量化和本体论承诺的时候，我们已经发现，虽然蒯因提出了"存在就是成为一个变元的值"，好像任何一个事物都可以被承诺，而其后蒯因所提出的"没有同一性就没有实体"的原则，实际上限定了本体论承诺的事物的认可标准——只有满足"同一的不可区分性"原则的事物才能被认可，这样一来，量词域与本体论承诺以及指称理论之间紧密相关。在"存在就是成为一个变元的值"、"没有同一性就没有实体"这样的双重本体论承诺的标准下，量词域就被限定为物理个体、以物理个体为元素的类和数三类对象。马库斯①认为蒯因的这种做法，违反了其"话题中立"的原则。按照蒯因的解释，我们最好在逻辑的层面保持"话题的中立"，即最好不要在逻辑的层面有太多哲学的预设。替换量化者提出的问题是："对于任一事物"是什么意思？"对于任一事物"这个短语在字面上好像表达最大的普遍性，而实际上，真的是什么事物都可以算在"任何事物"的范围之内吗？到底是什么事物才是一个逻辑理论所承认的"任一事物"？在蒯因的理论中，属性、可能个体等都被排除，留下的只有物理对象、数和类，因此蒯因的"任一事物"，指的总是这样的三类对象。因此在马库斯看来，尽管蒯因多次强调逻辑的中立，但他并不是首先做到了逻辑以及量化的"话题中立"，然后再运用这样的逻辑工具去进行哲学问题的探讨，以至于得出了"存在就是成为一个变元的值"这样的本体论承诺的标准，而是首先就有了本体论方面的预设和承诺，然后再用这样的预设来进行逻辑方面的标准的制定——"如果我们在一定程度上

---

① Marcus R. B. , "Quantification and Ontology", *Modalities*：*Philosophical Essays*, New York：Oxford University Press, 1993, pp. 78 – 80.

已经相信物理对象和数这两类事物的存在，那么，我们的量词解释就会保证只有物理对象和数才是量词的变元所涉及的范围，而这样的量化解释的结果正好与预设相一致。"① 在此基础上，马库斯认为，对象量化的量词域实际上并不是像字面意思所表达的包含任一事物，而是只包含蒯因所承认的对象，因而这样的量化与本体论的关联在马库斯看来也是牵强的和任意的。

其次，在对象量化看来，要理解一个量化式的语义取决于两点：一是要知道什么是量化域的全体，二是要知道每一次对变元进行代入之后形成的句子的真值是如何决定的，因此，对象量化要求对量词域的全体有一个清晰的刻画。而在替换量化看来，对象量化的这一条标准过于苛刻。在马库斯看来，对于一个只包含数的量词域，我们的确可以用一定的数学的办法来刻画量词域的全体，对于只包含物理对象的量词域，虽然刻画量词域的全体相对困难，但也有可能。但是对于日常语言和哲学问题的讨论，要求清晰地刻画量词所涉及的范围，是根本不能做到的，并且也是不必要的。

二 什么是替换量化

在对对象量化的批评基础之上，模态逻辑的倡导者提出了一种新的对于量词解释的理论，即替换量化。替换量化首先对量词提出新的解释，以期通过对量词这个逻辑常项的重新定义和解释来消除量词域与本体论承诺之间的联系，从而给量化式以新的语义解释。

---

① Marcus R. B. , "Quantification and Ontology", *Modalities：Philosophical Essays*, New York：Oxford University Press, 1993, pp. 78 – 80.

（一）替换例与替换类

假设 A 是一个命题函数，其中只包含一个自由变元 x。A 的一个替换例指的是用 x 的一个值替换掉 A 中的 x 所得到的结果。这样一来：

（1）特称量化式 ∃xA 是真的，当且仅当有 A 的替换例是真的；

（2）全称量化式 ∀xA 是真的，当且仅当所有 A 的替换例都是真的。

在替换量化的解释下，一个特称量化式相当于所有替换例的析取，而一个全称量化式相当于全部替换例的合取。这样一来，替换量化理论关注的重点是替换例的真假问题，而不再关注或涉及量词域的问题。对于约束变元，马库斯认为只要知道可以替换的语言类就可以，而无须知道这些语言类的指称问题。因为"在这种解释（指替换量化——作者注）下，量化从根本上来说，与开语句，以及真假密切相关……而与对变元的选择只是一种偶然的联系"①。替换量化进行量化的时候，对于约束变元，我们只需知道其所代表的不同语言类型，如对于量化式（∃p）p，我们知道代入的是命题就可以了，而无须假设 p 背后是否预设了命题这种抽象实体。这样一来，在替换量化中的量词域变成一个个相应类型的语言表达式。在替换量化的这种解释下，很多的内涵对象，如属性、可能个体都被包含在量词域之中。

马库斯认为，对量词采用替换量化的解读，也可以应对蒯因对模态逻辑的第二个诘难，即存在概括规则在模态语境中的

---

① Marcus R. B., "Interpreting Quantification", *Inquity*, Vol. 5, 1962, p. 253.

失效。在蒯因看来，句子中的个体词都可以通过释义消去，而转化为量化式的情况，因此，个体词的异常必然也就表现在量化中，量化的两条基本规则——存在概括和全称枚举在模态语境中都是失效的。如，对语句：

（3）9 必然大于 7

进行存在概括，得到的量化式是：

（4）∃x（x 必然大于 7）

那么这个必然大于 7 的数是什么呢？根据（3）这个必然大于 7 的数是 9，而 9 等值于行星的数目，但将"行星的数目"代入（4）后所得到的句子——"行星的数目必然大于 7"却是假的。这样一来，存在概括规则在模态语境中失效。蒯因认为，在经典逻辑中，存在概括规则说的是，凡是对一个由单独词项命名的事物成立的东西也是对某事物成立的。蒯因认为存在概括规则成立的前提是被概括和替换的单独词项必须是在命名，即是纯指称性的。而如果这个词项在句子中不是在命名，存在概括规则就不成立了。在指称不明的语境下，单称词并不是纯指称性的，如果把量词应用于一个指称不明的词组，并且想要使量词在这个指称不明的语词之外约束这个变元，其结果总会得到无意义的话或是不具有我们想要表达的含义的话。因此我们不能很正当地对指称不明的词组进行量化。蒯因还进一步认为，存在概括失效的情况不仅出现在模态语境中，而且还出现在表达相信、希望等命题态度的语境中。

面对蒯因的指责，马库斯认为蒯因之所以认为模态语境下存在概括是失效的，只是因为蒯因对存在概括规则进行了一种对象量化的解释，如果不用对象量化，而采用替换量化的解释方式，存在概括规则就不会失效。马库斯倡导以一种替换量化的方式来解释存在量化规则。针对上面的推理过程，如果对

（4）进行替换量化的解释，量化式（4）只不过是说至少有一个"x 必然大于 7"的替换例是真的，我们已经知道"9 必然大于 7"，这样一来，（4）就是真的。

在此基础上，马库斯认为，这样的替换量化的解读不仅使得在模态语境下存在概括规则也有效，而且，替换量化还可以用来解释另一个对模态逻辑的诘难。对于两个公式而言：

（5）$\exists x \Diamond Px \rightarrow \Diamond \exists x Px$

（6）$\Diamond \exists x Px \rightarrow \exists x \Diamond Px$

（5）是（6）的逆公式。其中，（5）在直观上是成立的，存在着某个事物，它可能是 P，可以推得，"存在某个事物，它是 P"是可能的。而其逆公式（6）则意味着"'存在某个事物，它是 P'是可能的，可以推得，'存在着某个事物，它可能是 P'"。公式（6）在很多逻辑学家看来是不成立的，至少是存疑的。而马库斯认为，在替换量化解释下，公式（6）不过意味着："如果 Px 的一个替换例是真的是可能的，那么 Px 的一个替换例是可能的是真的。"（"If it is possible that there is a true substitution instance of Px, then it is true that a substitution instance of Px is possible."）这样一来，我们对公式（6）的真值就不会再存疑，公式（6）也由此被称为"巴坎公式"，简称为 Bf。

后来的可能世界语义学重新肯定了马库斯的这条规则，并在 Bf 的基础上，对模态命题逻辑进行扩张，建立了 QS + Bf 的诸多模态谓词系统，如 QD + Bf 系统、QT + Bf 系统、QS4 + Bf 系统、QS5 + Bf 系统、QB + Bf 系统等。

（二）替换量化的语义解释理论

在提出替换例概念的基础上，替换量化构建了自己的量化解释理论。马库斯将一个替换解释 I 看作原子句到 {T, F} 的映射，v_1 作为在 I 上的赋值，必须满足下面的条件：

（1）如果 A 是一个原子句，v_1（A）＝I（A）；

（2）如果 A ＝¬ B，v_1（A）＝T 当且仅当 v_1（B）＝F；

（3）如果 A ＝ B ∧ C，v_1（A）＝T 当且仅当 v_1（B）＝T，并且 v_1（C）＝T；

（4）如果 A ＝∀xB（x），v_1（A）＝T 当且仅当对每一个名字 t 而言，v_1（B（t））＝T。

可以看出，替换量化的语义解释只是对经典逻辑中的相关公式进行改进，而其他的对有效式和逻辑蕴涵式的定义都保持不变。这实际上也是马库斯的策略：原子语句的真假也可以像对象量化那样通过域和变元的值来确定，而无须其他的改变。而实际上，在以上的替换量化解释中，个体变元并不需要指派，甚至在替换量化中都没有变元的值和量词域等概念，因为替换量化总是坚持对替换类量化，假定替换类为 C，第（4）个条件也可以用以下的方式来表示：

（5）如果 A ＝∀xB（x），v_1（A）＝T 当且仅当对替换类 C 而言，每一个其中的元素 y，v_1（B（x/y））＝T。

在替换量化的解释下，量化式的真不再需要通过定义开语句的满足而间接得到，而是可以通过替换例的真值直接得到，一个全称量化式相当于所有替换例的合取，一个全称量化式是真的，当且仅当所有的替换例都是真的；是假的，当且仅当有替换例是假的。

克里普克在马库斯的基础上，对替换量化的语义理论进行了进一步说明。克里普克首先在对象量化的语言 L 的基础上对 L 进行部分的改进，进而建构了替换量化的语言 L'，并在此基础上引进了特称量词"Σ"（全称量词"Π"可以通过互定义性由否定"Σ"而得到）。L 语言中的句子，无论其是原子句还是复合句，在 L' 语言中，都被称为原子句。L' 中只包含两个语句连接词：合取词"∧"和否定词"¬"。C 是替换类，C 既不需要被设定为个体词的集合，也不需要被设定为谓词的集合，而仅仅只是语言表示式的集合。当且仅当 C 中的一个语言表达式替换约束变元而得到的表达式同时是 L 的一个公式，才能被称为 L' 的原子公式。L' 中的合式公式都是通过原子公式和语句连接词以归纳的方式得出。替换量化式的真不用再通过满足来间接定义，而是通过闭语句，如闭合取语句或者闭否定语句来直接定义：对于替换量化式 Σxψ 而言，ψ 中只有 x 是自由变元，Σxψ 是真的，当且仅当存在一个 t，使得 ψ（x/t）是真的。

在此基础上，克里普克对对象量化的有效式和替换量化的有效式进行了对比，并对对象量化和替换量化的有效性得出了新的结论。对于同一个纯谓词演算（pure predicate calculus）的形式系统 PC，我们分别用对象量化和替换量化两种方式进行表达和解释。假定 PC 中有可数多个变元，在对象量化中我们用意大利文字母表示，而在替换量化中则用罗马文表示；相对于 n，PC 中还包含有可数数目的 n 元谓词符号和 n 元函数符号。另外 PC 中还包含有命题连接符号 ∧ 和 ¬，以及量词 ∃（对于对象量化而言）或 Σ（对于替换量化而言）。

这样一来，L 中的一个句子 ψ 在对象量化解释下是有效的，当且仅当它在所有的对象量化解释中是真的，也就是说：

（1）对于任意一个非空集合 U；

（2）对任意一种把 U 中的对象指派给 ψ 中的常项；

（3）对任意一个把 U 中的对象所形成的有序对集合对 ψ 中的 n 元谓词符号的指派；

（4）对任意一个 U 中 n 元函项 $U^n \rightarrow U$ 对 n 元函项的指派。

与此形成对比的是，对于替换量化而言，L' 中的一个句子

ψ 在替换量化解释下是有效的，当且仅当它在所有的替换量化解释中是真的，也就是说：

（1）对任意一个非空替换类 C；

（2）对任意一种对 ψ 中常项用 C 中的元素替换；

（3）对任意一种用 L' 中的 n 元原子公式对 ψ 中的 n 元谓词符号的代入；

（4）对任一一种用 L' 中的 n 元函项对 ψ 中的 n 元函项符号的代入。

克里普克认为，纯谓词演算在对象量化解释下的有效式，就是替换量化解释下的有效式，两者之间有一种对应的关系："一个重要的事实是，可以运用同个量化系统来证明所有的量化式，如果它在对象量化解释下是有效的，那么它在替换量化解释下也是有效的。因此，有效性于它们而言是双重意义的，在对象量化中也有效，在替换量化中也有效。"① 在此基础上，克里普克认为，无论是在形式上，还是在意义上，替换都是值得捍卫的，即替换量化在形式上是正确的，并且替换量化提供了一种可靠的意义理论。

三　替换量化下的本体论承诺

关于替换量化与本体论承诺之间的关系，激进的替换量化方案和温和的替换量化方案之间出现分歧，激进的替换量化者认为替换量化避免了本体论承诺问题，而温和的替换量化者则认为替换量化并没有额外地增加本体论承诺，即替换量化本身

① Kripke S., "Is There a Problem about Substitutional Quantification", Evans G., McDowell J. (ed.), *Truth an Meaning*: *Essays in Semantics*, Oxford: Clarendon Press, 1976, pp. 336 – 337.

的本体论承诺是零，如果替换量化在本体论承诺上有所承诺的话，那么其承诺的不过是和相应的对象量化一样的本体论承诺。前者的主要代表是马库斯，后者是克里普克。

马库斯认为，对象量化在对量化式进行语义解释的时候，将∃xA 中的量词读作"有一个对象……"或者"存在一个对象……"，这本身就是一种本体论的偏见，因为"存在（exist）"只是"is"的部分含义，而非全部含义。正是这种偏见使得一阶逻辑在处理很多日常生活中推理的时候往往会与人们的直观发生冲突。如对句子：

（1）卢浮宫里有一个维纳斯的雕像（A statue of Venus is in the Louvre）

使用存在概括规则，会得到一个量化式：

（2）（∃x）（x 的雕像在卢浮宫）

这样的量化概括会使得（1）这样的本来是真的句子在一阶量化下成为假的，因为众所皆知的一个事实是：维纳斯是一个神话中的人物。而对这个句子进行存在概括所得到的量化式（∃x）（x 的雕像在卢浮宫），则强调"有一个对象 x，x 的雕像在卢浮宫"，或"存在一个对象 x，x 的雕像在卢浮宫"，即强调其在现实生活中的存在，而现实生活中根本不存在维纳斯这样的人物，因此量化式（2）为假。

而与对象量化相对应的是，替换量化强调对量词的替换例的解释，这种做法只是把量词看作一个句法上的逻辑常项，在本体论上无须任何假设，而当对量化式进行语义解释的时候，量词只不过是充当了逻辑常项，用来表明量化式的有效性。对于"（∃x）（x 的雕像在卢浮宫）"这样的量化式，替换量化将其读作："至少有一个 x 的替换例使得 'x 的雕像在卢浮宫' 这句话是真的"。这样一来，量词和量化式并没有假定"维纳斯"

所指称对象的存在问题，并且在替换量化的解释下，这个量化式还是取真值，符合人们对这个句子的直观。一阶量化的存在概括的矛盾因此被替换量化所消解，在此基础上，马库斯认为替换量化的做法消除了量词的本体论承诺问题："如果本体论承诺与存在有关的话，那么在这里不包含任何本体论的承诺。"[①]

　　而克里普克关于替换量化的本体论承诺的观点则是借助于对象量化的本体论承诺来说明。克里普克的做法是预设替换量化下的 L' 中的真句子（记作 Tr（L'））都属于 L 中的真句子（记作 Tr（L））。对于替换量化式（Σx）（Σy）ψ 而言，如果 ψ 是一个 L' 的原子句，并且在 ψ 中至多 x 和 y 是自由变元，那么（Σx）（Σy）ψ 是真的，当且仅当在替换类 C 中有两个语言表达式 t 和 t^1 使得 ψ（y/t^1）（x/t）∈ Tr（L）。这在一个方面确定了替换量化是没有本体论承诺的：在 L' 下一个理论所承诺的不过是 L 所承诺的东西，即针对这些 L' 表达式的元语言所附加的本体论。因为一般而言，替换量化的本体论承诺被还原至基础语义学中决定 Tr（L）真假的那部分。如果在 L 语言中，基础语义学是非指称的，并且只包含 L 的表达式的元语言指称，那么 L' 中附加的本体论就是零。这种非指称的语义学除了 L 的表达式之外，并不需要预设任何的本体论承诺。我们也可以说这种语义学的本体论承诺是零。把 L 扩展至 L'，只不过是在基础语义学的基础之上，加上了必要的结构语义学部分，而并没有增加额外的本体论承诺，正是在这个意义上，替换量化的本体论承诺是零。

---

① Marcus R. B., "Interpreting Quantification", *Inquity*, Vol. 5, 1962, p. 253.

四 同一的必然性和新的本质主义理论

（一）"同一的必然性"

马库斯认为从弗雷格以来，经典逻辑中的关于同一的讨论都遵循的是一种外延主义的标准。"9 = 行星的数目"中，"9"是一个专名，而"行星的数目"是一个摹状词，"9"和"行星的数目"之间能够用等词联系起来，是因为它们表示了相同的对象，用弗雷格的话说，是这两个符号具有相同的意谓。弗雷格也承认，相对于"9 = 9"和"行星的数目 = 行星的数目"这类先验有效的句子，"9 = 行星的数目"这个或这类的句子是与之不同的，因为后者"常常有效地扩展了我们的认识，并且不能先验地建立起来。并非每天早晨升起一个新太阳，升起的总是同一个太阳，这大概是天文学最富有成果的发现"[①]。而"9 = 行星的数目"这样的句子之所以能够拓展我们的认识，是因为"9"和"行星的数目"这两个符号具有不同的含义，因此"="表达的不仅是符号意谓之间的关系，也表达了符号之间的关系。为什么同一个对象具有不同的符号？在弗雷格看来，"不同之处的形成只能是由于符号的区别相应于被表达物的给定方式的区别"[②]。弗雷格以举例的方式来说明什么是符号的含义：令 a、b、c 是一个三角形的各角与对边中点相连的直线，其中 a 和 b 与 b 和 c 的交点是同一个点，但关于这同一个点，我们有不同的表达和称谓——"a 和 b 的交点"或"b 和 c 的交点"，这些不同的名称则意味着同一符号的不同的含义。但虽然符号

---

① ［德］弗雷格：《论概念和对象》，载《弗雷格哲学论著选辑》，王路译，商务印书馆2006年版，第95页。

② 同上书，第96页。

的含义各不相同，但当等值时它们意谓同一个对象，因而弗雷格并没有进一步地区分这些符号之间的区别，而把这些符号统称为专名。弗雷格的这些思想极大地影响了后来的逻辑学家，包括蒯因。外延主义的原则成为逻辑学的基本原则，对于专名或者符号，逻辑学关注的重点是它们意谓的对象，而不是含义，因此，他们并不在专名和摹状词之间作出进一步区分。

作为模态谓词逻辑的开创者之一，马库斯提出了"同一的必然性"概念来回应蒯因对模态逻辑的批评。在马库斯看来，一阶逻辑所关注的同一性代表了一种外延主义的标准，并且蒯因对模态谓词逻辑的基于同一性的质疑和诘难也是因为蒯因自己没有严格地区分专名和摹状词而造成的。为了说明模态算子会引发指称不明的语境并使得同一的等值替换规则失效，蒯因所举的两个著名例子一个是关于"9"与"行星的数目"，另一个是"晨星"与"暮星"。其中关于"9"与"行星的数目"，蒯因的论证如下：

（1）9 必然地大于 7

（2）行星的数目 = 9

这两个句子是直观有效的，但如果根据同一的等值替换规则，用"行星的数目"替换（1）中的"9"中所形成的句子：

（3）行星的数目必然大于 7

却是假的。蒯因认为，在这个例子中，同一的可替换原理失效是因为可替换原理只适用于纯指称的语境，同一和指称紧密联系在一起。而例句（1）中"必然地"这个算子造成了整个语境的"指称不明"，从而使得（1）和（2）两个前提都是真的，而等值替换后的结果（3）却成为假的。

马库斯对蒯因的观点进行反驳。马库斯认为在这个推理过程中，"7"和"9"是专名，而"行星的数目"是一个摹状词，

（1）和（2）为真，但等值替换后的结果却成为假的原因就在
于摹状词和专名是不同的。在此基础上，马库斯提出"必然同
一性"① 这个概念：

aIb ≡ □（aIb）

即如果两个专名是相等的，那么它们之间的等值是必然的。
在马库斯看来，这是关于同一的一条基本原则：如果两个专名
是同一的，那么它们指称了同一个对象，相比于 aIa 的空洞的不
足道的真，aIb 表达的是两个不同的专名指称同一个对象，因此
它们之间的同一是一种必然的同一，即一种分析的（analytic）
同一。与专名专门用来表达指称对象相对应的是，限定摹状词
只是用来描述对象的，虽然限定摹状词通过自己的描述可以表
达一定的对象，但随着使用语言的场合的不同，限定摹状词描
述的对象会发生变化，因此摹状词与专名之间的同一是一种偶
然的同一。马库斯认为正是因为蒯因没有区分专名和摹状词才
会导致同一的等值替换律的失效。而如果只是专名之间的相互
替换，并不会出现等值替换失效的状况。

从"必然的同一性"观点出发，马库斯对蒯因的另外一个
例子也提出反驳。蒯因的例子是：

（4）必然地，如果在暮星上有生命，那么在暮星上有生命
（Necessarily if there is life on the Evening Star then there is life
on the Evening Star）。

（5）暮星 = 晨星（The Evening Star ＝ the Morning star）。
由这两个真的前提出发进行等值的替换，得到的语句：

（6）必然地，如果在暮星上有生命，那么在晨星上有生命
（Necessarily if there is life on the Evening Star then there is life

---

① Marcus R.B., "Modalities and Intensional Language", *Modalities：Philosophical Essays*, New York：Oxford University Press, 1993, p. 8.

on the Morning Star）。

却是假的。

马库斯认为，在蒯因的这个例子里，"暮星"（The Evening Star）和"晨星"（the Morning star）的首字母虽然被大写，但是"暮星"和"晨星"仍然是摹状词，而不是专名。与相应的"金星"这个专名相比，"暮星"和"晨星"分别是指"傍晚的那颗星"和"早晨的那颗星"，假设因为一场天文巨变，晚上第一个出现在星空的那颗星星不再是金星，那么在这种情况下，"金星"还是金星，而"暮星"不再是金星，暮星和晨星的等值问题也需要我们重新核定和观察。因此，"暮星"与"晨星"之间不存在必然的同一性关系，蒯因用这两个摹状词相互替换也是有失公允的。

同时，马库斯认为，与指称联系起来讨论的同一概念是一种过于苛刻的外延主义的标准，因为当使用这个标准的时候，只有个体词才符合这个标准，而属性、命题、信念等都被排除其外。这样一来，本体论承诺的观点不是由变元完成的，而是由同一这个概念完成的。因此，马库斯倡导一种弱化的同一，即等价（equivalence）。在集合论中，当我们说两个集合是等价的时候，我们是说它们具有相同的组成元素；在命题逻辑中，当我们说两个命题等价的时候，我们是说这两个命题之间具有相互推出的关系；而在模态逻辑中，等价则表示一种四元关系。马库斯认为，相对于只适用于个体词的同一，讨论等价性则容忍了蒯因所谓的"内涵实体"，又是在讨论这些内涵实体的同时，又坚持了一种弱的意义上的外延主义的原则。

马库斯关于同一的必然性的观点后来被克里普克所继承和发挥。由于蒯因对模态逻辑的发难，在 20 世纪五六十年代，可能个体的同一问题成为模态逻辑学家所关注的重点问题，模态逻辑学家提出了很多关于同一的新的理论，其中包括大卫·刘易斯和克里普克。著名哲学家迈克尔·路易斯就认为[①]，可能世界语义学尽管在模态逻辑的语义解释方面发挥着主导作用，但其面临着两个重要的理论困境，一个是跨界个体的同一问题，另一个是可能个体是否存在即可能世界的本体论问题。其中第一个问题与第二个问题密切相关，对可能个体同一性的不同回答体现了人们不同的关于可能世界本体论的不同看法。在可能世界语义学中，另一个命题是必然的，当且仅当在所有的可能世界中都是真的，一个命题是可能的，当且仅当其在某个可能世界是真的。可能世界语义学的建立，不仅解决了模态逻辑的语义问题，而且可能世界语义学对于讨论意义、反事实条件句和内涵抽象实体等概念发挥着重要的作用。在运用可能世界理论时，人们谈论不同世界以及一个个体在不同可能世界的出现，那么，在可能世界中，我们如何在不同的可能世界中辨认出同一个个体呢，即个体如何做到跨界同一（transworld identity）？对此，不同的哲学家提出了不同的方案和策略。可能世界语义学最初的倡导者们都认为个体是可以跨界存在的，卡特在现实世界中不是美国的总统，但同一个卡特可能在另一个可能世界中是美国的总统。但这种观点遭到了很多哲学家的批评，虽然他们立场一致，但所持的理由不同。其中，奇斯福尔摩（Rederick Chisholm）和卡普兰（David Kaplan）认为跨界个体违反了同一物的不可分辨性原理。按照同一物的不可分辨性原理，如果 $a = b$，那么可以用其中一个词项代替另一个出现在任一真陈述中的词项，其结果仍是真的，而在可能世界中，假定在两个可能世界 W_1 和 W_2 中，依次有两个个体 a_1 和 a_2，无论 a_1 和 a_2

---

① Michael J., *The Possible and the Actual*, Ithaca and London：Cornell University Press, 1979, p. 29.

在其他属性上如何相同并如何可以做到保真替换，至少有一种情况是不能相互替换的，即 a_1 位于 W_1 而 a_2 位于 W_2 中，因此，跨界个体违反了同一物的不可分辨性原理。同时奇斯福尔摩（Rederick Chisholm）还认为跨界个体的存在也与同一的传递性相矛盾。普兰廷加（Alvin Plantinga）则认为，在可能世界中我们根本无法制定一个确定的标准来辨认不同可能世界中的个体是否同一的，因此谈论跨界个体是没有意义的。大卫·刘易斯提出了一种对应理论（counterpart theory），这种理论认为，个体不是跨界的，而是界限的（worldbound），每一个对象只能存在于自己所处的可能世界，而不能跨界存在于其他世界，但每一个个体可以在其他可能世界中具有对应的对象，这个对应体与原来的个体之间在内容和语境等重要方面是相同的。

大卫·刘易斯所提出的对应理论却遭到了克里普克的反驳。克里普克认为刘易斯的这个理论虽然很具有解释力，但是却不符合人们的哲学直观：当我们谈及卡特在另外一个可能世界的情形，恰恰是因为我们对现实世界卡特的关注，如果可能世界里的那个个体根本不是卡特本人，我们的谈论还有什么意义？在此基础上，克里普克进一步认为，可能世界绝不是遥远的星球，而是我们做的一种反事实的假设，我们是根据一个特定的对象做出反事实条件的预设，并不需要我们来讨论对象的跨界识别，因此谈论跨界个体的识别和同一是一种无意义的行为。

在此基础上，克里普克认为，根据同一的不可辨认性原理（1） $\forall x \forall y ((x = y) \rightarrow (Fx \rightarrow Fy))$，即如果 x 与 y 是同一的，那么如果 x 具有性质 F，y 也具有性质 F；而我们还知道任何事物必然与自身保持同一，即（2） $\Box (x = x)$，将（2）代入（1），即可得到公式（3） $\forall x \forall y ((x = y \rightarrow (\Box (x = x) \rightarrow \Box (x = y)))$，对公式（3）加以整理，去掉其中 $\Box (x = x)$ 这

个不足道的前提，就可得到（4）$\forall x \forall y$（$x = y \rightarrow \square$（$x = y$）），即对任意的 x 和 y 而言，如果 x 和 y 是同一的，那么 x 和 y 的同一是必然的。这是一个哲学界难以接受的结论，因为它违反了人们的直观。通常情况下，人们认为，对于一个对象如西塞罗而言，有一个人知道西塞罗是古罗马的一个著名的演说家，还知道图利是古罗马的一个执行官，但后来他才发现西塞罗和图利是同一个人，那么这时候，"西塞罗＝图利"是人们的一个经验的发现，而不是先验分析的结果，因此直观上而言，这样的同一是一种经验的同一，偶然的同一（contingent identity），而不是一种必然的同一（necessary identity）。而克里普克坚持认为专名之间的同一是一种必然的同一，在克里普克看来，专名是严格的指示词，所谓严格指示词，从可能世界语义学的角度来说，就是指"在所有可能世界里都指称同一个对象的词项"①，与专名相对应的是，限定摹状词就不是严格指示词，对于两个专名 x 和 y 而言，作为严格指示词，x 在所有的可能世界总是指示同一个对象，而 y 在可能世界里也总是指示同一个对象，如果 x＝y，则在所有的可能世界里，x 和 y 总是指示同一个对象，总是 x＝y，在这种意义上，如果 x＝y，则 x＝y 是必然的。克里普克还进一步认为，哲学家们在同一问题上的很多困惑，包括对同一的必然性的批判，恰恰是因为没有区分三个重要的概念：必然性、先验性和分析性，特别是必然性和先验性两个概念之间的区别。在克里普克看来，必然性是对一个陈述真的断定，并且必然如此而不可能是其他的样子，必然性是一个形而上学领域的概念，而先验性指的是一个陈述的真不依赖于经验，先验性是一个认识论领域的概念。必然性和先验性是不同的，而

---

① Kripke S. , "Identity and Necessity", Stephen P. （ed.）, *Naming, Necessstiy, and Natural Kinds*, Ithaca and London: Cornell University Press, 1977, p. 78.

很多的哲学家之所以觉得同一的必然性不可取，就是因为混淆了必然性和先验性，认为具有必然性的陈述总是先验的，而 x = y 是人们通过经验后天取得的认识结果，所以 x = y 不具有必然性。而克里普克认为，x = y 确实是后验的，但这个后验的命题在所有的可能世界里都是真的，所以 x = y 是必然的。

（二）新的本质主义理论

在可能世界语义学的基础之上，克里普克对本质主义也作了进一步的分析和定义。蒯因认为，模态谓词逻辑的最终归宿是亚里士多德的本质主义，而关于亚里士多德的本质主义，蒯因持怀疑的态度，因为在蒯因看来，将什么属性当作一个事物的本质属性或非本质属性是没有客观标准的，连带地，蒯因对模态谓词逻辑也提出了质疑。克里普克并不否认模态谓词逻辑将本质主义作为哲学归宿，但克里普克认为模态逻辑所承诺的本质主义并不是亚里士多德所谓的本质，而是一种新的本质主义。

基于 20 世纪初期模态逻辑的兴起和发展，克里普克提出了可能世界理论以解决模态逻辑的语义问题，而个体和自然类作为克里普克规定的严格指示词，辨认其在不同可能世界的出现依据就是事物的本质，本质主义是克里普克所持严格指示词理论的形而上学落脚点。克里普克认为："当我们把一种特性看作某个对象的本质时，我们通常指的是，这对于那个对象来说，在它存在的任何场合下都是真的"[1]，而在任何场合中为真正是克里普克对必然性的定义，因此，所谓本质属性就是在所有的可能世界里都必然真的属性。克里普克将本质分为两类加以讨

---

① ［美］克里普克：《命名与必然性》，梅文译，上海译文出版社 2001 年版，第 29 页。

论：个体的本质和自然类的本质。克里普克认为个体的本质就是个体的起源方式。以伊丽莎白女王为例，她可以从来都没有成为女王，可以不具有很多现在所具有的外貌特征，但她不可能不由亲生父母所生，而起源于那个特定的受精卵就是伊丽莎白女王的个体本质。而针对自然类的本质，克里普克提出了内部构造说，即自然类的本质主要来自这个自然类中每个个体所共同具有的内部结构。可以看出，克里普克的新的本质主义的观点和亚里士多德关于本质的观点有很大区别，如承认个体的本质，并将必然性引入对本质问题的探讨。但即便这样，克里普克和亚里士多德一样，坚持属性有本质属性和偶然属性之分：本质属性是事物或其类所必然具有的属性，而偶然属性是事物或其类偶然具有的属性。这是在一种比较强的意义上承认本质主义，而蒯因所反对的正是这种意义的本质主义。

第六章

反思:对象量化与替换量化

　　量化是对量词解释的理论，现代逻辑有两个基本的量词：全称量词（∀）和特称量词（∃），量化理论就是对这两个量词进行语义解释的理论。对象量化和替换量化是两种不同的对量词进行语义解释的方案。对象量化的主要倡导者是蒯因，蒯因严格区分了变元和模式字母，认为模式字母只是为了显示句子的结构，如一阶量化中的谓词字母 F、G 等，而变元是被量词约束的字母，变元与量词相联系，为了解释量词，我们就必须涉及量词域中名字所指称的对象。蒯因认为个体词才具有明晰的同一性标准，因而是我们日常语言里表达指称的装置，也只有个体词才能代入量化式中变元的位置，个体词所指称的对象才是我们谈论真值的基础。对象量化由此与本体论、指称、同一、真等理论密切相关，蒯因的量化理论实质上是一阶量化，正是从这样的量化观点出发，蒯因对模态逻辑和高阶逻辑进行了严厉的批评。替换量化的主要倡导者是马库斯和克里普克。马库斯和克里普克摒弃了蒯因将公式中的字母分为模式字母和变元的做法，认为即便是个体词也可以不用涉及指称问题，一个全称量化式是真的，当且仅当所有的替换例是真的，是假的当且仅当有替换例是假的。替换量化通过取消"变元的值"这个概念，意图切断量化与指称之间的关系，从而使得量化就从本体论承诺中解脱出来，这样一来，谓词和可能个体因此都可以代入变元的位置，高阶逻辑和模态逻辑以及各种哲学逻辑因此被"正名"，逻辑的范围由此得到极大的扩展。

不同的量化方案将会导致关于逻辑范围的不同界定和对逻辑的性质的不同的理解，不同的量化方案也会导致人们对真、指称、意义等重要哲学问题的不同的观点和理论。那么，接下来的问题就是：这两种方案哪一个是正确的？关于这两种量化方案之间的关系，哲学家们的观点之间存在很大分歧。苏珊·哈克①认为这两种方案都是正确的，因为这两种方案都适用于解释自己所在的逻辑系统，而逻辑本身就具有多样性，因此，尽管对象量化是一种公认的对量化的标准解释，哈克还是倡导对替换量化采取"宽容"的态度。帕斯卡·安格尔②对此持和哈克相似的观点：对象量化针对的是个体词的量化，虽然对个体词的量化即一阶量化是逻辑的典范，但这并不构成逻辑的全部内容和范围，替换量化在模态逻辑和其他非经典逻辑中发挥着重要的作用，因此这两种方案都是正确的，不过是相对于不同的逻辑系统而言。而另一些哲学家持相反的态度，斯旺认为，替换量化并不构成一种独立的语义学方案，如果不是在对象量化提供的语义学解释框架下去理解替换量化，那么根本就不知道替换量化在说什么，因此他对替换量化理论提出了批评。弗雷斯达尔③对替换量化也持批评态度，但他是从另一个角度：弗雷斯达尔认为替换量化是一种过于激进的方案，这一激进的方案甚至以牺牲量化与指称的联系并进而抹去了语言与世界之间的

①　Hacck S., *Philosophy of Logics*, London: Cambridge University Press, 1978, pp. 42 – 43.

②　Engel P., *The Norm of Truth: An Introduction to the Philosophy of Logic*, Toronto Buffalo: University of Toronto Press, 1991, pp. 76 – 78.

③　Follesdal D., *Reference Opacity and Modal Logic*, New York: Routledge, 2004, p. XVII.

联系为代价，这是他所不赞同的。还有其他一些哲学家的观点，本书在此不一一列举。

可以看出，要评价这两种量化方案，我们首先要面对这样四个问题：对象量化与替换量化的根本分歧是什么？替换量化是扩大了量词域还是消解了量词域？替换量化是否真正避免了本体论承诺？对象量化和替换量化是否都独立地构成一种语义解释理论？这四个问题之所以成为评价两种量化方案的核心所在，是因为：首先，如果两种量化之间不存在根本分歧，那么讨论哪一个方案是正确的这个问题本身会变成无意义的。其次，只有真正知道了替换量化视域下的量词域的本质，知道替换量化是扩大了量词域还是消解了量词域，我们才能真正懂得替换量化的本质，进而我们才能对量化与指称的问题作进一步的思考。再次，本体论承诺的问题归根到底是指称的问题，替换量化是否真正做到了避免本体论承诺，这个问题关系到量词域、本体论承诺和指称之间的关系。最后，替换量化是否构成了一种独立的语义解释，如果替换量化能够在消除量化与本体论承诺以及指称关系的基础上，给出一个令人满意的关于量词的语义解释理论的话，那么，替换量化理论确实就构成了一种独立的语义学理论。至于对象量化与替换量化究竟哪一个方案是正确的，这个答案也就建立在对这四个问题的回答之中。

要评价两种量化方案，并进而在两种替换量化方案之间作出选择，并不是本书的目的所在。两种量化解释方案都紧紧围绕着量词概念展开，并最终形成了不同的对量词解释的理论，这样的两条方案在逻辑上将会导致人们关于逻辑的范围的不同的观念，在哲学上将会导致人们对真、意义和指称的不同的理论。通过对两种量化理论的对比研究，最终来反思量化理论本身乃至反思逻辑和哲学之间的关系，是本书的目的所在。

一　对象量化与替换量化的主要区别

总体而言,在前面的第二章至第四章里,本书讨论了本体论承诺、同一、指称以及逻辑的范围等几个问题,对象量化正是在这四个方面区别于替换量化,而这四个方面也构成了对象量化的重要特征。对象量化区分了变元与模式字母,并进而提出"变元的值"这个概念,即为了探寻一个量化式的真值,对于量化式,我们唯一需要探寻的就是变元的值,即代入变元的语言表达式的指称问题,而不需要探寻模式字母的值以及指称。而一个理论的本体论承诺就是为了使得该理论为真的变元的取值——"存在就是成为一个变元的值",变元的值由此与一个理论的本体论承诺紧密联系,变元的值也由此成为衡量一个理论本体论承诺的标准。对象量化认为,从指称的发生史来看,同一与指称密切相关,没有同一,数次的实指,其结果是指向不同的对象,因此同一在对事物的命名和指称方面,起着核心的作用——"没有同一性就没有实体"。在此标准下个体词由于具有明晰的同一性标准而被蒯因认为是日常语言中表达指称的唯一装置。与此相对照的是,普遍词和句子都不是事物的名字,因而被蒯因排除在指称的范围之外。蒯因将个体词与变元联系起来,认为可以代入变元位置的语言表达式只可以是个体词,这样一来,根据"存在就是成为一个变元的值"的标准,个体词所指称的对象——物理对象、数和少量的类因此构成了蒯因所认为的量词的域,并成为蒯因自己的全部本体论承诺。同一、指称、量词域和本体论承诺由此紧密相关。而由于量词域的存在,对象量化关于量化式的真是通过定义满足而间接得到定义的。对象量化将对个体域的量化即一阶量化看作逻辑的典范,其他类型的逻辑相对而言都是主题的改变和逻辑的改变。

而在这四个方面，替换量化作出了不同的选择。首先，替换量化认为，个体词是一种语言表达式，但将个体词与其他语言表示式区别开来不具有任何意义，个体词和谓述的位置即约束变元之间也不存在必然的联系，因此，任何的语言表达式都可以代入约束变元。其次，既然任何语言表达式都可以代入约束变元，那么这些语言表达式就构成了变元的值。最后，在替换量化的解释下，量化式的真不用通过定义满足来间接地定义，而可以通过替换例的真直接定义：一个全称量化式的真值相当于所有的替换例真值的合取；一个特称量化式的真值相当于所有替换例真值的析取。在这样的替换量化的解释下，模态逻辑和高阶逻辑都拥有了自己在逻辑中的合法地位，逻辑的范围由此大为扩展，逻辑因此成为研究语言的学科，其性质随之也需要重新定义。

单称词被赋予了和其他语言表达式尤其是与普遍词不同的位置和作用，这是对象量化首要的特征，也是对象量化与替换量化的重要分歧。在替换量化中，任何的语言表达式都可以代入变元中去，而不仅仅是单称词，替换量化的做法是取消了单称词和指称的联系，从而意图取消量化与本体论承诺的联系。而这种对待个体词的不同态度又导致了两种不同的关于逻辑的观念：在替换量化的解释下，对个体词的一阶量化是逻辑的典范，并代表了逻辑的范围。而替换量化取消了单称词的特殊作用，将会导致对普遍词的量化和对可能个体的量化，在替换量化的解释下，高阶逻辑与模态逻辑也取得了合法的地位，逻辑范围的不同将会导致截然不同的关于逻辑性质的界定和不同的逻辑观念。个体词由此成为量化理论的一个基础概念，个体词问题由此成为量化解释的一个核心问题。

　　由于蒯因著名的本体论承诺的口号——"存在就是成为一个变元的值",很多哲学家对单称词在蒯因哲学理论中的地位持怀疑和否定的态度:通过罗素处理摹状词的方式消去单称词和语义整编这些步骤,在蒯因的本体论承诺理论中,指称总是与约束变元相关,在一个量化式中,约束变元是唯一的表示指称的位置,因此很多哲学家认为单称词不是蒯因哲学理论的必要组成部分,至少不是蒯因所认为的表达指称的方式。这是对蒯因理论的误解。蒯因的哲学理论对个体词的依赖是双方面的,一方面,蒯因认为,在日常语言中,单称词是表达指称的重要手段和方式,与此相对应的是,普遍词虽然具有分离指称的作用,但普遍词并不表达指称——"一个人可以承认有红的房屋、玫瑰花和落日,但否认它们有任何共同的东西被'红性'这个词命名"[①]。另一方面,在科学理论中,特别是在考察一个理论的本体论的时候,用个体词表达指称具有一系列的理论困难,因此蒯因提出消去个体词的方式来考察一个理论的本体论——"存在就是成为一个变元的值"。这样的用量化方式来表达指称,只是衡量科学理论的本体论的方式,而并没有否定单称词表达指称的基础作用,正如有的哲学家所指出的:"只有在预设单称词能够指称对象的基础上……消去单称词才是一种有意义的行为。"[②]

　　相对于普遍词及其他语言表达式,个体词被看作在句子中表达指称的装置,因而被对象量化赋予重要的地位和作用。因此对象量化和替换量化之间的最根本问题就是量化是否需要涉

　　① Quine, "On What There Is", *From a Logical Point of View*, Cambridge: Harvard University Press, 1980, p. 10.

　　② Leonardi P., Napoli E., "On Naming", Leonardi P. and Santambrogio M. (ed.), *On Quine*, New York: Cmbridge University, 1995, p. 254.

及指称问题，以及一个语言表达式的指称到底是什么，是名字（name）与承载者（bearer）之间的关系，还是语言表达式（expression）和语义作用（semantic role）之间的关系，这是对象量化和替换量化的根本分歧所在。

需要强调的是，以上从量词域、同一、指称和个体词等方面对对象量化和替换量化所作的比较是一种总体上的把握和区别，实际上，即便是在同一个逻辑系统内部，对象量化和替换量化也存在着差异。替换量化在对个体词进行量化的时候是最接近于对象量化的，但是这两者之间并不等同，区别就在于个体域中的对象并不都具有名字。对于量化式"∃xFx"而言，如果域中有一个对象没有名字但满足于开语句 Fx，则在对象量化解释下，量化式"∃xFx"是真的，而在替换量化解释下，量化式"∃xFx"是假的因为没有一个表达式（名字）使得 Fx 的一个替换例为真。如果每一个对象都具有名字并且每一个名字都只指称一个对象，那么对象量化和替换量化的区别就会消失。并且克里普克也已经证明，在这个前提下，量化式的有效性具有双重的意义：如果一个量化式在对象量化下是有效的，那么它在替换量化下也是有效的，反之亦然。但与此同时对象量化中量词所表达的存在概念就会失去针对性。在对象量化看来，我们谈论的论域就是约束变元的取值范围内的对象，而正是这些对象是我们本体论上所承诺的所有东西——"存在就是成为约束变元的值"，而无论这些对象是否有名字，无论整个论域是可数的还是不可数的。也正是在这个意义上，蒯因说本体论承诺的概念，在可数的域和每个对象都有名字的情况下是没有针对性的，正是在无法给每个对象命名或者是不可数的域中，对象量化的本体论承诺才具有意义。在解决无名字的对象和对象不可数的情况中，对象量化是讨论本体论承诺的核心概念。

二　替换量化是扩大了量词域还是消解了量词域

　　量词域是量化理论的核心概念，也是现代逻辑中量化理论首先涉及的问题。现代逻辑有两个基本的量词：全称量词和特称量词。对于全称量化式"∀xFx"，我们一般读作"对于任一事物 x，x 是 F"；对于特称量化式"∃xFx"，我们一般读作"有的 x 是 F"，或者更精确地读作"至少有一个事物 x 是 F"。在这里，"任一事物"就是量词域，简言之，量词域就是量化式中量词所约束的变元的取值范围。逻辑作为一种关注普遍性的学科，总是取字面上最广的范围作为变元取值的范围，因此，在直观上，量词域总是被简单概括为"任一事物"，在比较严格的语义学中，量词域总是用 D 表示，在这里 D 表示一个非空集合。

　　需要强调的是，量词域和量词的辖域是两个不同的概念，量词的辖域是指在量化式中量词所统摄的区域，一般而言，一个量词的辖域就是紧跟在量词后面的公式，如对公式 ∀x（Fx→Gx），量词 ∀x 的辖域是 Fx→Gx。而量词域则指的是变元所指称的对象的集合。相对而言，量词的辖域是一个句法的概念，而量词域是在探求量化式的真的时候才涉及的概念，因此量词域是一个语义的概念。

　　关于量词域，现代逻辑的教科书有不同称谓和定义，如徐明在《符号逻辑讲义》中称量词域为"论域（universe/domain of discourse）"，并认为论域就是个体域："是讨论中所涉及的所有个体对象的集合，它既包含所有常项（专名）的指称，同时也是变项的取值范围。"① 当然，将量词域直接限定为个体域，这是由该书的写作目的所限定的，即该书所关注的主要是经典逻辑即一阶逻辑，而一阶逻辑的主要特征就是以个体为量词域。但通过这个定义，我们可以知道量词域和变元的值的关系：量词域就是变元的取值范围。

在用量化理论分析本体论的时候，蒯因所持的量化观点有两个显著的特点。首先，在量化式中变元只可以被命名对象的名字所代入。其次，一个量化式为真当且仅当存在对象（object）满足量词后面的开语句，因为量词域是由一系列的对象所组成，而对名字的指派都是指派了量词域中的对象和个体，因此一个量化式∃xFx是真的，当且仅当有某个对象是F。这样的一种量化理论典型的一阶量化，即对个体域的量化。这样的量化是排斥高阶逻辑的，因为它不允许在变元的位置代入谓词，即不允许出现∃xF（Gx）的情况。这样的量化理论也是排斥模态逻辑的，因为可以满足量词后面的开语句的只是对象，而不允许是不同模型（model）下的可能个体。正是基于一阶量化和本体论的密切关系，蒯因对高阶逻辑和模态逻辑的语义学展开了激烈的批评，甚至在一次采访中声称："存在一种关于可能世界的时髦哲学，但它在我的哲学中连梦都算不上。"②

基于对一阶量化的语言表达能力的质疑，替换量化者对"量词的域"这个概念本身提出了质疑，在替换量化者看来，将量词域设定为对象是对象量化的最根本的错误，因为正是这一点大大限制了一阶量化的表达能力。

马库斯认为，虽然蒯因一直强调逻辑的"话题中立"，因此

① 徐明：《符号逻辑讲义》，武汉大学出版社2008年版，第250页。
② Quine, Magee B., "The Ideas of Quine", Quine D. & Follesdal D. (ed.), *Quine in Dialogue*, Cambridge: Harvard University Press, 2008, p.14.

对于量词所涉及的域,其笼统的说法总是"对任一事物"。然而,在其讨论量化和本体论承诺的时候,我们已经发现,虽然蒯因提出了"存在就是成为一个变元的值",好像任何一个事物都可以被承诺,而其后蒯因所提出的"没有同一性就没有实体"的原则,实际上限定了本体论承诺的事物的认可标准——只有满足"同一的不可区分性"原则的事物才能被认可,这样一来,量词域与本体论承诺以及指称理论之间紧密相连,"存在就是成为一个变元的值","没有同一性就没有实体",在这样的双重的本体论承诺的标准下,量词域就被限定为物理个体、以物理个体为元素的类和数三类对象。马库斯认为①蒯因的这种做法,违反了其"话题中立"的原则。按照蒯因的解释,我们最好在逻辑的层面保持"话题的中立",即最好不要在逻辑的层面有太多哲学的预设。替换量化者提出的问题是:"对于任一个事物"是什么意思?"对于任一事物"这个短语在字面上好像表达最大的普遍性,而实际上,真的是什么事物都可以算在"任一事物"的范围之内吗?到底什么事物才是一个逻辑理论所承认的"任一事物"?在蒯因的理论中,属性、可能个体等都被排除,留下的只有物理对象、数和类,因此蒯因的"任一事物",指的总是这样的三类对象。因此尽管蒯因多次强调逻辑的中立,但马库斯认为蒯因并不是首先做到了逻辑以及量化的"话题中立",然后再运用这样的逻辑工具去进行哲学问题的探讨,以至于得出了"存在就是成为一个变元的值"这样的本体论承诺的标准,而是蒯因首先就有了本体论方面的预设和承诺,然后再用这样的预设来进行逻辑方面的标准的制定——"如果我们在一定程度上已经相信物理对象和数这两类事物的存在,那么,我们的

---

① Marcus R. B. , "Quantification and Ontology", *Modalities*: *Philosophical Essays*, New York: Oxford University Press, 1993, pp. 78 – 80.

量词解释就会保证只有物理对象和数才是量词的变元所涉及的范围，而这样的量化解释的结果正好与预设相一致。"[1] 在此基础上，马库斯认为，对象量化的域实际上并不是像其字面意思所说的包含任一事物，而是只包含蒯因所承认的对象，因而这样的量化与本体论的关联在马库斯看来也是牵强的和任意的，甚至是狭隘的。

在对象量化的量词域概念提出质疑的同时，替换量化提出了自己对量词的新的解释。假设 A 是一个命题函数，其中只包含 x 一个自由变元。A 的一个替换例指的是用 x 的一个值替换掉 x 所得到的结果。特称量化式 ∃xA 是真的，当且仅当有 A 的替换例是真的；全称量化式 ∀xA 是真的，当且仅当所有 A 的替换例都是真的。在替换量化的解释下，一个存在量化式相当于替换例的析取，而一个全称量化式相当于替换例的合取。这样一来，要探寻一个量化式的真假，对于约束变元，马库斯认为只要知道可以代入约束变元的语言类就可以，无须诉诸变元的值，即无须知道这些语言类的指称问题，更不用知道量词域的范围，因为在替换量化的解释下，量化式的真假取决于替换例的真假问题，量化式由此不再与量词域直接相关，正如马库斯所言，在替换量化的解释下，"量化从根本上来说，与开语句，以及真假密切相关……而与对变元的选择只是一种偶然的联系"[2]。进行量化的时候，对于约束变元，我们只需知道其所代表的不同类型，如对于量化式（∃p）p，我们知道代入的是不同的命题就可以了，而无须假设 p 背后是否预设了命题这种抽象实体。这样一来，在替换量化中的量词域变成一个个相应类型的语言

① Marcus R. B. , "Quantification and Ontology", *Modalities：Philosophical Essays*, New York：Oxford University Press, 1993, pp. 78 - 80.

② Marcus R. B. , "Interpreting Quantification", *Inquity*, Vol. 5, 1962, p. 253.

表达式。在替换量化的这种解释下,很多的内涵对象,如属性、可能个体都被包含在量词域之中。

在马库斯的量词域中,时间点、可能个体以及很多内涵实体都可以代入量词域进行替换解释,这样的行为好像是扩大了量词域的范围,而实际上,扩大量词域只是马库斯比较客气的说法,马库斯实际的做法与其说是扩大了量词域,还不如说是消解了量词域。在马库斯的替换量化理论中,她有时也会使用变元的值和量词域这两个概念,但她的使用方式是与对象量化截然不同的。"变元的值"对于马库斯而言只是意味着代入变元的语言表达式,而"量词域"则意味着可带入变元的语言表达式的类,总之,"变元的值"和"量词域"在马库斯的替换量化中都是用来表示语言表达式的概念。而在对象量化中,"变元的值"与"量词域"表达的都是语言指称的对象的概念:前者是指可以代入变元的语言表达式的指称对象,后者是指可以代入变元的语言表达式所指称对象的集合。变元与变元的值的区别是对象量化理论的核心,变元相当于一个代词的功能,表示个体词可以代入语句的位置,变元的值就是代入变元的语言表达式所指称的对象。要解释量词的语义,就必须诉诸变元的值,变元的值由此成为对象量化关注的核心概念。而在替换量化中,所谓的"变元的值"都是各种替换类中的语言表达式,如果一定要谈论对象的话,替换量化所涉及的唯一对象是语言的片段。正如逻辑学家林斯基所指出的:"变元与变元的值的区分是对象量化的核心,而替换量化无视这种区分,对于替换量化而言,根本就没有域或者变元的值。"[1] 替换量化取消了变元的值这个概念,从根本上消解了对象量化的"量词域"这个概念,消解

---

[1]　Linsky L. , "Two Concepts of Quantification", *Nous*, Vol. 6, No. 3, 1972, p. 46.

了量词域。

三 替换量化是否避免了本体论承诺

在对象量化理论中，一个理论的本体论承诺是与变元的值密切相关的。蒯因指出，用名字表示存在的做法存在一系列的理论困难，如无法像"飞马"这样的非存在的问题，并且会使人们忽略到那些没有名字的事物等。有鉴于此，蒯因决定用一种逻辑的方式来解决本体论的问题，就这样，量化理论被引入对一个理论的本体论承诺的探讨中，在一个量化式中，被量词所约束的变元相当于日常句子中代词的功能：为了使得整个量化式为真，我们必须承认代入变元的语言表达式所指称的对象是存在的。这样一来，量化就与本体论承诺联系在一起：一个理论的本体论承诺就是为了使得该理论为真的变元的取值。

如果对象量化仅仅只是将变元的值和本体论承诺联系起来，本体论承诺的问题也不会遭到替换量化的强烈质疑。问题是对象量化认为变元的位置只可以代入个体词，因为只有个体词具有明晰的同一性标准，因而是日常语言中表达指称的装置，进而对象量化反对在约束变元的位置代入谓词和可能个体，并进而以此为视角，对高阶逻辑和模态逻辑提出了强烈的批评和质疑。

对于对象量化的这种做法，替换量化一方面对蒯因的同一性观点进行反驳，另一方面则对对象量化将量化与本体论承诺联系起来的做法提出质疑。马库斯认为，在日常语言中，"存在"只是"是（being）"的诸多含义之一，而并不是"是"的唯一的含义。蒯因将量词域与本体论承诺联系起来，用量化的方式来讨论存在，是一种对"是"的狭义的理解，因此马库斯将本体论承诺称为一种"本体论偏见"。同时马库斯对对象量化的量词域的概念提出了质疑和批驳。在一阶逻辑中，对于形如"$\forall x (Fx \rightarrow Gx)$"这样的量化式，其含义是:"对于任何一个事物，如果它是 F，那么它是 G"（注意:这里我们并没有把这句话读作"对于任何一个事物，如果它具有属性 F，那么它具有属性 G"，也就是说我们没有把 F 和 G 这类字母读作性质或者属性，因为按照蒯因的解释，我们最好在逻辑的层面保持"话题的中立"，即最好不要在逻辑的层面有太多哲学的预设）。替换量化认为，对象量化根本没有做到"对任一事物"，因为对象量化坚持在约束变元的位置带入个体词，其"任一事物"的范围因此是指个体词所指称对象的范围:物理对象、数和类，而属性、可能个体等都被排除在量词域之外。马库斯认为，蒯因并不是首先做到了逻辑以及量化的"话题中立"，然后再运用这样的逻辑工具去进行哲学问题的探讨，以至于得出了"存在就是成为一个变元的值"这样的本体论承诺的标准，而是蒯因首先就有了本体论方面的预设和承诺，然后再用这样的预设来进行逻辑方面的标准的制定——"如果我们在一定程度上已经相信物理对象和数这两类事物的存在，那么，我们的量词解释就会保证只有物理对象和数才是量词的变元所涉及的范围，而这样的量化解释的结果正好与预设相一致。"[1] 在此基础上，马库斯认为，对象量化的域"对任一事物"实际上并不是像字面意思所说的包含任一事物，而是只包含蒯因所承认的对象，因而这样的量化与本体论的关联在马库斯看来也是牵强的和任意的。

在此基础上，替换量化将量化式的真与替换例的真联系起

---

[1]　Marcus R. B. , "Quantification and Ontology", *Modalities: Philosophical Essays*, New York: Oxford University Press, 1993, pp. 78 – 80.

来，一个全称量化式是真的，当且仅当所有的替换例是真的，一个特称量化式是真的，当且仅当有替换例是真的，这样一来，一个全称量化式相当于所有替换例的合取，而一个特称量化式相当于所有替换例的析取。在此角度上，替换量化认为量化式的真不用诉诸变元的值，或者替换量化里根本就没有变元的值这个概念，那么与变元的值密切相关的本体论承诺在替换量化中也不复存在，这样一来，替换量化认为自己避免了本体论承诺，谓词、可能个体等也因此可以代入变元的位置，高阶逻辑和模态逻辑也由此获得了合法地位。

面对替换量化的挑战，蒯因首先进行了反驳。蒯因认为，替换量化是把翻译陌生语言的行为准则当作了量化解释，这样的量化虽然在行为上是更容易被理解的，但是在替换量化的解释下，任何的语言替换类，包括谓词和可能个体都可以代入约束变元的位置，本体论问题缺少了针对性，替换量化割断了量化和本体论的关系，因此这种方法是不足取的。因为，斯科伦定理已经向我们证明，只有一阶量化才具备判定有效性的完全步骤和判定矛盾式的完全步骤，而其他类型的量化都不同时具有这两种判定程序，而对于一个形式系统而言，不能同时具有这两个判定程序，说明这样的形式系统还有不完善的有待改进的地方。相比之下一阶量化"既具有深刻性又具有简单性，既是优美的又是富有实效的，在理论内部，它是活跃的，在界限上，它又是明确清晰的"①，因此，蒯因坚持用一阶量化的方法来分析本体论问题，并认为这样的做法并不是以任意的人为的方式来限制本体论的承诺，而是包含着深刻的哲学基础和完善的逻辑方法。量词是日常语言中的专门挑出来的表达存在的语

---

① Quine, *Ontological Relativity and Other Essays*, New York: Columbia University Press, 1969, pp. 112 – 113.

词。对一个语句释义为量化的标准记法首先和首要的就是要使其本体论明确，因为量化仍然是谈论对象的基本手段，对象量化仍然是讨论本体论问题的关键性用语。

现在留下的问题是：替换量化是否真的做到了避免本体论承诺？进而，量词域与本体论承诺之间是否存在联系？

替换量化消解了量化与本体论承诺的联系，从根本上想取消量化和指称的关系。在经典量化中，量化和指称之间存在密切的关系。存在概括和全称枚举规则之所以能够成立，都是假定了单称词的指称功能，这一点，也被蒯因所承认："体现在两个运算（存在概括和全称枚举——作者注）中的那个原理是量化式和单称陈述（它们作为实例而与量化式相联系）之间的联结点……它只有在一个词项命名某物并且是指称性出现的情况下才成立。"[①] 而对象量化的这一做法使得可以带入变元位置的只能是单称词，因为单称词是句子中表达指称的装置，只有对单称词的纯指称性出现，我们才可以进行存在概括和全称枚举。而替换量化关注的是替换例的真假，根本不关心代入的语言表达式是否纯指称性的，甚至不是纯指称性的语言表达式也可以代入，约束变元的位置不再是对象量化所谓的纯指称性的语词即单称词的专属，正如林斯基所指出的那样："它（指替换量化）并不区分指称性的表达式和其他表达式。假如我们想关注关于指称的逻辑，那么替换量化就不适用于我们。"[②] 替换量化意图取消量化和指称之间的关系。

在此意义上，我们可以说，如果替换量化可以避免指称问题，那么它就可以避免本体论承诺的问题。蒯因自己也坦诚本体论承诺是与指称密切相关的——"本体论承诺的概念，在应

---

① Quine, *Word and Object*, Cambridge: The MIT Press, 1960, p. 146.

② Linsky L., "Two Concepts of Quantification", *Nous*, Vol. 6, No. 3, 1972, p. 225.

用于具有明显的量化语言表达式的话语时，是属于指称理论的，因为说某一存在量词预先假定了某类对象，不过是说量词后面的那个开语句对那类对象来说是真的，而对不属于那类的对象来说是假的"①。而指称是与真密切相关的，如果替换量化可以不诉诸指称而建立起一种独立的语义解释，那么我们就可以说替换量化可以避免指称并进而避免本体论承诺。而如果替换量化不能通过避免指称而建立起一种独立的语义解释，我们就只能断言替换量化没有避免掉本体论承诺。剩下的问题是，替换量化是否可以通过避免指称而建立起一种独立的语义理论？

很多哲学家的观点是否定的。达米特就认为，蒯因和马库斯都夸大了两种量化理论之间在本体论上的区别，而事实上"他们（指对象量化论者和替换量化论者——作者注）都错了，因为并不是量化必须要诉诸指称，而是，我们要给语言语义解释的时候，语言中的每一个有意义的单位都必须要诉诸指称"②。因此替换量化作为一种语义解释，它并没有割断量化和本体论的关系，只是延迟了这种关系。布尔斯则进一步认为，高阶逻辑采用的替换量化并没有避免本体论问题，实际的情况是"高阶逻辑承诺了和相应的一阶量化一样的本体论对象，不多也不少"③。

---

① Quine, "Notes on the Theory of Reference", *From a Logical Point of View*, Cambridge: Harvard University Press, 1980, p. 117.

② Dummett M., *Frege: Philosophy of Language*, Cambridge: Harvard University Press, 1981, p. 528.

③ Boolos G., "To Be Is to Be a Value of a Variable (or to be Some Values of Some Variables)", *The Journal of Philosophy*, Vol. 81, No. 8, 1984, p. 449.

四 替换量化是否建立起了一种独立的语义解释

达米特认为,要理解一个量化式的语义取决于两点:一是要知道什么是量化域的全体,二是要知道每一次对变元进行代入之后形成的句子的真值是如何决定的。

按照这个标准,对象量化确实建立了一种独立的语义理论。首先,在对象量化中,本体论承诺是和指称理论密切相关的。一个理论的本体论承诺,其实就是由可代入约束变元的表达式的指称对象所构成的。变元是量化式的一个组成部分,因而属于语言层面的东西,而变元的值则是语言表示式所表达的对象,因而是属于外部世界的东西。一个理论的本体论承诺和指称就这样联系在一起:"本体论承诺的概念,在应用于具有明显的量化语言形式的话语时,是属于指称理论的。因为说存在量词预先假定了某类对象,不过是说量词后面的那个开语句对那类对象来说是真的;而对不属于那类的对象来说则不是真的。"① 而变元的取值范围构成了一个量化式的量词域,"量化理论的意义以关于什么对象可以算作变元的值为前提"②。正是在这个意义上,量词域、本体论承诺和指称这三个概念紧密相关。如果在句法的层面考察一个量化式,量词域、本体论承诺和指称都与一个序列是否构成合式公式无关。而当我们对一个量化式进行语义的考察时,我们首先要探寻的是这个量化式在什么情况下是真的,变元的取值范围,本体论承诺和可代入量化式的语言表达式的指称的重要性都开始凸显出来。塔斯基已经成功地解

---

① Quine, "Notes on the Theory of Reference", *From a Logical Point of View*, Cambridge: Harvard University Press, 1980, p. 131.

② Quine, *Word and Object*, Cambridge: The MIT Press, 1960, p. 232.

决了如何探寻一个量化式真值：通过递归地定义开语句的满足这种方式间接地获得量化式的真。一个全称量化式是真的，当且仅当量词后面的开语句被所有对象所满足，一个特称量化式是真的，当且仅当量词后面的开语句至少被一个对象所满足。在讨论量化式真的层面上，变元的值与量词域以及指称密切相关，也正是在这个意义上，蒯因反复强调：当我们讨论语句的真值的时候，尽管在技术上我们是在谈论语句，而我们的眼睛还是在盯着世界。这种情形也适用于量化式，当我们讨论量化式的真值的时候，我们需要诉诸变元的值，即对象来考察整个量化式的真值。即在量化式层面，通过定义满足的方式间接得到量化式的真，并在此过程中确认了量化域的全体。而每一代入个体词之后所形成的句子的真值取决于谓词是否适用于单称词所指称的对象，如果谓词适用于个体词所指称的对象，则这个句子是真的，否则便是假的。

而相比之下，替换量化虽然在量化式的层次解决了真值的问题，即一个全称量化式的真值相当于所有替换例的合取，一个存在量化式的真值相当于所有替换例的析取。但是每一个替换例即原子句的真值又是如何决定的呢？对此，替换量化者并没有给出答案。而正是在这个层面，指称问题又回归了，我们要探寻一个原子句的真值，如"苏格拉底是有死的"这个语句的真值，我们需要探知"是有死的"这个谓词是否适用于（true of）"苏格拉底"所指称的对象。对这个语句真值的说明有赖于对"苏格拉底"这个语词的指称上溯，除此之外，我们没有其他的探求真的方式。而对量化式真值的说明则是建立在对"苏格拉底是有死的"这类日常语言表达的分析基础之上，量词域不过是扩大了被考虑对象的范围，但延续了对指称理论的依赖，这一点正如达米特所言："并不是量化首先需要上溯到

指称，而是必须对句子中每一个作为意义的基本单位的语言表
达进行指称上溯，我们才能给出这个语言一个语义解释的框
架。"① 对一种语言给出一个语义解释就必须要诉诸指称，而量
化理论作为语义理论的一种，也必然通过指称才能给出一种语
义解释。

　　替换量化作为一种对量词语义解释的理论，其目的是建立
一种独立的对量词解释的理论。而在对量词的语义解释理论中，
是否能够定义或说明量词的真之条件，成为衡量一种量化理论
的关键。替换量化只是将整个量化式的真假与替换例的真假联
系起来，而其关于替换例的真假仍然借助于对象量化对原子句
的说明，正是在这个意义上，替换量化并没有建立起一种独立
的量词语义解释理论，即一种独立的真理论。甚至与替换量化
的目标背道而驰的是：为了解释什么是替换量化，我们必须首
先诉诸真，真在这里成为替换量化预设的概念，而不像其断言
的那样是解决的目标，戴维森在《试图定义真是愚蠢的》一文
中对这种情况有清醒的认识："……不能诉诸替换量化方式来解
释真，因为替代量化方式必须由诉诸真来解释。"② 正是在这个
意义上，替换量化没有建立起一种独立的语义解释。

　　也正是在这个意义上，替换量化并不能避免语言表达式的
指称问题。经典的谓词逻辑的语义学在量化和指称之间存在紧
密的联系。"Fa"是真的，当且仅当 a 指称一个对象并且这个对
象满足开语句"Fx"。量化式"∃xFx"是真的，当且仅当有事
物满足"Fx"，存在概括规则正是在这个意义上是有效的。量化

① Dummett M., *Frege: Philosophy of Language*, Cambridge: Harvard University Press, 1981, p. 528.

② Davison D., "The Folly of Trying to Define Truth", *The Journal of Philosophy*, Vol. 93, No. , 6, 1996, p. 275.

式"∀xFx"是真的，当且仅当每一个事物都满足开语句
"Fx"。因此如果"∀xFx"是真的，"Fa"也是真的，也正是在
这个意义上，全称枚举规则是有效的。而正是这些量化规则的
有效性促成了对个体词量化的标准。一个语言表示式是个体词，
当且仅当它的位置可以被全称枚举规则所引入，并且可以被存
在概括所量化。如果"Fa"是真的，对其进行存在概括所得出
来的量化式"∃xFx"是假的；或者如果"∀xFx"是真的，对
其进行全称枚举得到的句子"Fa"却是假的，只有一个原因：
"a"缺少指称。因此对蒯因而言，当且仅当一个语言表达式能
够代入约束变元的位置，一个语词才能被叫作单称词。而替换
量化意图切断了指称和量化之间的联系，其做法是不在个体词
与其他语言表达式之间作出区别，即便一个替换类中唯一的元
素是一个左括号，替换量化也能够通过替换例的解释来对量化
式进行语义解释。甚至有逻辑学家认为："如果我们的逻辑想要
表达指称，替换量化就应被排除。"① 而实际的问题不是逻辑想
不想表达指称，而是要对逻辑系统进行语义解释，我们必须诉
诸指称，除此之外，我们没有其他的探求真的方式。

　　而正是语义理论对指称的依赖，导致了量化理论中本体论
承诺问题的回归。在量化理论与本体论承诺以及指称的关系问
题上，达米特保持着清醒的认识："蒯因认为只有对对象域的量
化才需要我们对相应的指称这些对象的常项语言表达式进行语
义上溯，或者需要我们在本体论上对这些实体进行承诺：因此
替换量化在蒯因看来是一个威胁，因为替换量化进行量化的时
候不需要对本体论作出承诺，替换量化的倡导者在此问题上和
蒯因观点一致：只有对象量化才需要本体论承诺，而替换量化

---

① Linsky L., "Two Concepts of Quantification", *Nous*, Vol. 6, No. 3, 1972, p. 228.

是从本体论承诺中解脱出来的方法。他们都错了。"① 达米特认为实际的情况是,替换量化对替换例句子真假的说明仍然要借助于指称理论,而语言表达式的指称和一个理论的本体论承诺密切相关,因此本体论承诺并没有被避免,而仅仅只是被推迟(delay)。其推迟的方式就是将对象量化在量词域层面考虑的问题推迟到一个个的替换例的真值当中。也正是这样的推迟本体论承诺,使得替换量化面对替换例的真值的时候还必须要面对指称的问题,这说明替换量化并没有建立起一个独立的语义解释。也正是在这个意义上,有哲学家如迈克尔·汉德②就认为,对象量化建立了一种独立的语义解释,而替换量化只有相对于对象量化才能被理解,因此,替换量化只是一种语义解释的"策略"。

也许,我们并不需要在两种量化理论之间进行抉择,而只需要在哪种理论能够带来便利时就运用哪个。替换量化和对象量化对存在量词的解释都符合相应的我们日常对"There is"的用法。这种情况下我们需要运用卡尔纳普的"宽容的原则"(Principle of Tolerance)——"在逻辑中,无道德可言"。每个人可以自由地按照自己的意愿,运用自己的形式语言,建立自己的逻辑,我们对他的唯一要求就是:如果他试图讨论一个问题,他必须要把自己的方法陈述清楚。外延逻辑也许足够进行数学基础的分析并能够解决外部世界的真的问题,但是日常生活中的很多推理所涉及的概念却不仅仅只是用真一个标准来衡量和解释,包含必然性、知道、相信、义务和时间等的句子的

---

① Dummett M., *Frege: Philosophy of Language*, Cambridge: Harvard University Press, 1981, p. 528.

② Hand M., "Obiectual and Substitutional Interpretation of Quantifiers", Jacquette D. (ed.), *Handbook of Philosophy of Logic*, Amsterdam: Elsevier, 2007, p. 656.

推理却被弗雷格排除在外，但这又是我们日常生活中不可缺少的组成部分，范·本特姆对此有一个形象的比喻："在一个著名的类比中，弗雷格将形式语言比作显微镜：很精确，但是在应用广度上却很受限制，而相比之下自然语言相当于人的眼镜：缺少精确性，但却有很广的应用范围。"① 而包含必然性、知道、相信、义务和时间等的句子的推理是在模态逻辑和哲学逻辑的名义下进行的，这些逻辑与外延逻辑相比，被称为"内涵逻辑"。与经典的一阶逻辑相比，模态逻辑在公理化层次上有所降低。如何在表达能力和可计算度之间做到"平衡"，这是任何一个逻辑系统必须考虑的基本问题。在这方面，一阶逻辑在表达力和公理化之间的确树立了一个优雅的典范。

---

① Van Benthem, *Modal Logic for Open Minds*, Stanford：CSLI, 2010, p. 2.

第七章

结　语

　　量化是对量词解释的理论，现代逻辑有两个基本的量词：全称量词（∀）和存在量词（∃），量化理论就是对这两个量词进行语义解释的理论。在逻辑史上弗雷格第一个发现了量词—变元的概念并在此基础上构建了谓词逻辑的第一个句法系统，现代逻辑由此宣告诞生。与此同时，弗雷格对量词进行了初步的语义解释：一个全称量化式是真的，则意味着无论自变元的位置代入什么，其结果都是一个事实（真的），但弗雷格并没有进一步区分什么可以代入变元的位置，因此在弗雷格的时代量化是现代逻辑学中的一个孤立理论。随着现代逻辑的进一步发展，逻辑学家们发现，在变元的位置代入不同的内容，如个体词或谓词，其将导致不同的逻辑类型，并进而导致人们关于逻辑的范围和逻辑性质的不同界定。并且，对量词进行语义解释，就要涉及指称、真、同一等许多哲学的概念，因此，量化与本体论承诺、指称、真、同一等语言哲学的基本问题密切相关。量化理论由此成为现代逻辑和语言哲学的核心理论。

　　对象量化和替换量化是两种不同的对量词进行语义解释的方案。对象量化的主要倡导者是蒯因，蒯因严格区分了变元和模式字母，认为模式字母只是为了显示句子的结构，如一阶量化中的谓词字母 F、G 等，而变元是被量词约束的字母，变元与量词相联系，为了解释量词，我们就必须涉及量词域中名字所指称的对象。蒯因认为只有个体词才可以代入变元的位置，也只有个体词所指的对象才是我们谈论真值的基础。对象量化与本体论、指称、同一、真等理论密切相关，蒯因的量化理论实质上是一阶量化，正是从这样的量化观点出发，蒯因对模态逻辑和高阶逻辑进行了严厉的批评。替换量化的主要倡导者是马库斯和克里普克。马库斯和克里普克摒弃了蒯因将公式中的字母分为模式字母和变元的做法，而认为即便是名字也可以不用涉及指称问题，一个全称量化式是真的当且仅当所有的替换例是真的，是假的当且仅当有替换例是假的。替换量化通过取消"变元的值"这个概念，从而意图消解量化与指称之间的关系，从而使得量化从本体论承诺中解脱出来，这样一来，谓词和可能个体因此都可以代入变元的位置，高阶逻辑和模态逻辑以及各种哲学逻辑因此被"正名"，逻辑的范围由此得到极大的扩展。

不同的量化方案将会导致关于逻辑的不同的范围的界定和对逻辑的性质的不同的理解，甚至不同的量化方案也将会导致人们对真、指称、意义等重要哲学问题的不同的意见和理论。通过量化与哲学以及逻辑的联系来探讨量化理论的意义和价值，并在量化理论的基础上反思逻辑与哲学的关系是本章的目的所在。

一 量化理论的意义和价值

量化与语言哲学的核心概念，如本体论承诺、指称以及真等都密切相关，不同的量化理论将会导致对这些哲学概念不同的观念，并由此引发关于真、指称和本体论承诺的不同的甚至是截然相反的理论。与此同时，不同的量化理论也会在逻辑学内部产生不同影响，如承认或否认高阶逻辑和模态逻辑。因此量化理论是现代逻辑、逻辑哲学以及语言哲学的重要问题。

（一）量化与哲学

对象量化和替换量化是两种对量词进行语义解释的方案。基于对象量化和替换量化两种不同的视角，真、指称、本体论承诺等概念都被赋予不同的含义和内容。对象量化首先区分了什么是变元以及变元的值，并认为变元的值与指称和本体论承诺密切相关。在这样的量化理论的视角下，个体词因为具有明晰的同一性标准而被认为是表达指称的唯一装置，而普遍词不表达指称，量化式的真是通过定义"满足"间接得到：一个全称量化式是真的，则意味着量词域中的所有对象都满足于量化式中量词后面的开语句。替换量化取消了变元的值这个概念来取消量化和指称的联系，从而意图取消量化的本体论承诺。在替换量化的视角下，个体词中的专名和摹状词具有截然不同的性质：专名在任何可能世界里都指称同一个对象，因而专名之间的同一是一种必然的同一；而同一个摹状词在不同的可能世界里可能会指称不同的对象，因而摹状词之间的同一以及摹状词和专名之间的同一是偶然的。在替换量化的视角下，真可以通过量化式直接定义：一个全称量化式是真的，当且仅当其所有的替换例都是真的。不同的量化理论导致了不同的关于指称、同一以及本体论承诺的观点。

而本章关注的是：量化与本体论承诺、指称和同一之间是什么联系——像对象量化所言的它们之间的关系是密不可分的，还是像替换量化所言的它们之间的联系是一种"哲学的偏见"？

蒯因在很多场合承认自己的本体论承诺的观点是一种"狭隘的偏见",他还进一步承认他的关于量化、同一和谓述的理论都建立在翻译的不确定性的基础之上,而翻译的不确定性又向我们解释了客观翻译的不存在以及我们在翻译的过程中如何将我们的概念装置强加在另一种陌生语言中,从这个角度来说,整个的人类的概念装置,包括所谓的本体论问题都是一种狭隘的(parochial)视角。但是,"我只能从我们自己偏狭的概念框架及科学时代的有利视角去进行哲学的思考,除此之外,没有更好的视角"①。蒯因经常引用维也纳学派的著名领军人物纽拉特的一句话来说明哲学所处的境地:就像在海中航行的舵手,我们不可能幻想在干燥的船坞里修船,而只能在海上(open sea)边行边修。哲学是我们整个知识体系的概念装置的一部分,我们不可能推倒整个的概念装置和知识体系来重新建立哲学,我们只能对我们的整个的概念装置和我们的语言保持警惕和反思,并用这种反思的结果不断改进我们的哲学,此外,没有更好的办法。

并且,本体论问题也绝不是一个可有可无的哲学问题,本体论问题本身就是概念装置。卡尔纳普②认为,哲学问题就其为真正的哲学问题而言,都是语言问题。关于何物存在的本体论问题实际上就是我们如何最方便地设置我们的"语言框架"(linguistic framework)的问题,而不是像毛鼻袋熊或独角兽的例子那样是有关语言外实在的问题,卡尔纳普认为本体论问题表面只是有关对象的种类的问题,实际上是关于语言策略的问

---

① Quine, "Reference", Roger F., Gibson Jr. (ed.), *Quintessence: Basic Readings from the Philosophy of W. V. Quine*, Cambridge: The Belknap Press of Harvard University Press, 2004, p. 108.

② Carnap R., *Meaning and Necessity*, Chicago: The University of Chicago Press, 1956, pp. 206 – 208.

题。蒯因甚至认为本体论问题本身就是语言问题。外部世界有
什么或者什么东西存在，这是不依赖于我们人类的语言的，但
说什么东西存在，绝对是一个语言问题："本体论所关注的东西
和所有的这一切（指'哲学以外的其他非小说虚构之类的学
科'——作者注）的区别只是范畴的广度不同。假如是一般的
物理对象，那么判定有关毛鼻袋熊和独角兽的人是自然科学家。
假如是类或者其他数学家需要的任何广大领域的对象，那么关
于是否有奇偶数或者立方数，则是数学家的任务。而是否有物
理对象或类的事情则移至本体论。"① 具体的某个事物是否存在，
是具体的自然科学的事情，而是否具有物理对象、类、数、属
性等根本性的问题则是本体论所关注的问题。本体论的任务就
是"对这种无批判地接受物理对象或类的做法加以仔细的审查，
揭示出隐秘未宣的前提，明确其含混不明的东西，揭露和解决
悖论，解开纽结，去除赘物，清除本体论的贫民窟"②。

　　本体论承诺的问题更是一个语言问题。任何一种科学理论
在使用语言的时候都有自己的本体论倾向，本体论承诺不过是
从语言方面衡量一个理论承诺了什么东西存在的理论。在日常
语言中，一个人可以出于相互交流的目的而承认"院子里有个
兔子"这句话是真的，而在本体论上却否认任何兔子或物理对
象的存在，这在日常交流中是允许的，而在一个科学理论里这
种情况是不允许的。为了揭示一个理论的本体论承诺，蒯因的
措施是通过消去单称词和语义整编等步骤，将一个理论整编为
只剩下谓项、量化和真值函项的量化表达式。对于一个理论而
言，我们能把其结构归为谓项、量化和真值函项的时候，我们
就确定了该理论的逻辑和该理论的本体论承诺。"存在就是成为

---

① Quine, *Word and Object*, Cambridge: The MIT Press, 1960, p. 275.

② Ibid..

一个变元的值",在蒯因的逻辑系统中,变元是指被量词约束的变元,一个理论承诺存在的东西,不过是由于它们的存在表达理论的语句才能取真值的那些或那类事物,即其约束变元取值的那类或那些对象。一类或一些对象被一个理论所承诺,不过意味着约束变元只有以这些或这类事物为值,这个理论才能为真。在这里,量化式的约束变元和量词是一个理论谈论何物存在的证据,而不是何物存在的证据。

替换量化认为自己避免了本体论的问题,其避免本体论的方式是只谈论可以代入约束变元的语言表达式而不谈论其他任何的东西,即只谈变元而不谈变元的值,因此在替换量化中根本没有量词域或者变元的值这样的概念。一个全称量化式是真的,当且仅当所有的替换例是真的,一个存在量化式是真的,当且仅当有一个替换例是真的。在解释替换量化时,马库斯也会谈及或者用到"变元的值"这个概念,但这根本不是对象量化所谓的语言所表达的外部世界的东西,而是仅仅指称替换类中的那些语言表达式,并且正是这些语言表达式是替换量化中用来替换变元的东西。替换量化通过不谈论语言表达式的指称,而只谈论语言表达式,从而意图避免本体论承诺。这一点构成了替换量化和对象量化的重要区别,正如逻辑学家林斯基所指出的:"替换量化不关注替换变元的语言表达式及其与指称即与变元的值之间的区别,而这个区别是对象量化理论的核心。对于替换量化论者而言,唯一的对象就是语言表达式。"①

剩下的问题是,替换量化通过不诉诸指称的方式是否可以解决量化式的真?这个问题关系到量化和指称的关系:如果替

---

① Linsky L., "Two Concepts of Quantification", *Nous*, Vol. 6, No. 3, 1972, p. 226.

换量化可以不通过诉诸指称的方式解决了量化式的真，那么我们可以说量化和指称之间的联系是蒯因自己的一种解决真值问题的途径，而既然这种途径可以不诉诸指称，说明量化和指称的关系至少不是必然的。

而实际上，替换量化推迟了本体论承诺和指称问题，因此其在约束变元的位置上可以不加区别地引入各种语言表达式，在这种情况下，谓词和可能个体也被引入进来，相应的高阶逻辑和模态谓词逻辑也因此建立起来。可以说，替换量化不仅为高阶逻辑和模态量化逻辑正名，而且为很多的哲学逻辑分支"正名"。替换量化以及建立在其上的各种逻辑是下一节关注的重点。而这一章要说明的是，这种延迟本体论承诺的做法，使得很多逻辑问题得到一种新的解释，因而呈现出新的面貌。例如，利用替换量化的方式解决反事实条件句和包含命题态度的语句，是一种很好的视角。

（二）量化与逻辑

在上一节，我们详细论证了量化和本体论承诺以及指称的关系，指出：替换量化并没有避免本体论承诺，因为对替换例真值的考虑还是需要考虑指称的问题，本体论承诺也因此回归。替换量化只是延迟了本体论承诺。量化、量词域与本体论承诺是密切相关的，变元的值将这三者密切联系起来。而实际上，量化理论不仅和哲学密切相关，而且与逻辑密切相关，量化理论是现代逻辑的核心理论，不同的量化理论将会导致不同的关于逻辑范围的界定和对逻辑的不同的观念。因此，接下来的这一节将重点讨论量化和逻辑的关系。

弗雷格在提出量词—变元这个概念的时候，没有关注或者没有予以足够重视的一个问题是：变元的位置可以代入什么样的语言表达式。而其后的逻辑学家们发现，在自变元的位置代入不同的语言表达式，如个体词、谓词或者可能个体，其将导致不同的逻辑类型，如一阶逻辑、高阶逻辑或模态逻辑，而这些不同类型的逻辑将会导致对逻辑范围和逻辑性质的不同界定。蒯因坚持认为一阶逻辑是逻辑的典范，而高阶逻辑和模态逻辑都不属于逻辑的范围，逻辑在蒯因看来是通过追求逻辑真来寻求外部世界规律的科学。而替换量化的倡导者们坚持认为模态逻辑和高阶逻辑都是逻辑，逻辑不仅要关注可计算性，还要关注语言的表达能力，因而逻辑在替换量化者看来是关于语言的科学。对象量化和替换量化体现了不同的关于逻辑的观念。

量化与逻辑范围的相关性首先是对象量化所引发的。蒯因认为，我们卷入本体论承诺的唯一方式就是使用约束变元，一类或一些东西被一个理论所假定，当且仅当为了使得这个理论是真的，这些或这类东西必须处于约束变元的取值的范围之中——"存在就是成为一个变元的值"，约束变元的取值范围由此成为判定一个理论的本体论承诺的标志。蒯因在提出衡量一个理论本体论承诺标准的同时，也给出了自己哲学理论的本体论承诺：在蒯因看来，"没有同一性就没有实体"，具有清晰的同一性标准的只是个体词和类名，而只有这两类语词才能代入约束变元的位置，因而这两类语言表达式所指称的对象——物理对象、数和少量的类，是蒯因所承诺的全部的本体论。而属性、命题等抽象实体都被排除到本体论之外，蒯因对待属性、命题等抽象实体的态度是："我们也许应该反对容忍这些半实体没有同一性，就是对逻辑的一种破坏。而如果我们承认这些半实体而又不愿放弃承担其所带来的哲学后果的话，我们就必须改变我们概念结构的逻辑来接受它们，其结果就是要承担承认这些如命题态度、属性等半实体所带来的逻辑的复杂度增加。"①

在蒯因的量化理论中，量化和指称以及同一密切相关。约束变元在蒯因看来相当于日常语言中的代词，代词是指称的基本手段，一个语句的真值由此取决于其代词中可代入的对象以及代词所指称的范围。而在蒯因的理论中，个体词是蒯因所认为的表达指称的重要手段和方法，因为单称词具有蒯因所谓的明晰的同一性标准，个体词在各种语境下都只是用来指称同一个对象，而如果两个个体词是同一的，即两个个体词表达的是同一个对象，那么这两个个体词之间具有保真替换的性质，也即弗雷格所谓的"同一物的不可分辨性"：给定一个关于同一性的真陈述，可以用它的两个词项中的一个替换另一个出现在任一真陈述的词项，而其结果总是真的。蒯因认为这是支配同一性的基本原理。一般而言，如果表达同一对象的两个词项在句子中都处于指称的位置，那么这个保真替换性就能维持，而如果表达同一对象的两个词项有一个在句子中不处于指称的位置，保真替换性就不能维持。因此蒯因就用这个保真替换性原理来衡量一个句子：保真替换性能够维持，则句子所形成的语境是"纯指称性的（pure referent）"；如果保真替换性不能维持，则句子所形成的语境就不是纯指称性的，蒯因把后一种情况叫作"指称晦涩"或"指称不明"。

立足于同一性，蒯因对高阶逻辑展开了批评。首先，属性由于没有蒯因所谓的明晰的同一性标准，即相同的对象不一定能决定是同一个属性，因此以属性作为约束变元取值的高阶逻辑也受到了蒯因的严厉批评。而与属性的外延相联系的集合才

<hr/>

① Quine, "Things and Their Place in Theories", Roger F., Gibson Jr. (ed.), *Quintessence: Basic Readings from the Philosophy of W. V. Quine*, Cambridge: The Belknap Press of Harvard University Press, 2004, p. 229.

具有明晰的同一性，即相同的元素决定同一个集合，因此蒯因不承认高阶逻辑而把与高阶逻辑相应的那部分称为集合论逻辑。

对待集合论，蒯因的观点发生了重大改变。早年在写作《数理逻辑》（*Elementary Logic*）的时候，蒯因试图把《数理逻辑的新基础》中提出的 NF 系统，修改为 ML 系统，从而将命题逻辑、量化理论和集合论统一为一个逻辑系统，在那里，集合论是其逻辑系统的重要组成部分。而到了 1970 年，蒯因对集合论的态度发生重大转变："希尔伯特的追随者们试图对谓词符号进行量化，并把这称为高阶谓词运算。在这种运算中，变元的值实际上是集合；而这种呈现集合论的方式给予它以与逻辑虚伪的相似的面貌。人们总是认为，集合论并没有对普通的量化逻辑做什么增补，而只不过对普通的量化逻辑中已经出现的谓词字母增加量词……而实际上，这种运算假设了一个开语句'Fx'决定了一个集合 {x：Fx}，而这是集合论的中心假设。"①在蒯因看来，集合论是伪装的逻辑，逻辑只是一阶量化所表达出来的有效模型，而集合论关注的是"披着羊皮的"高阶量化，因而被蒯因排除在逻辑的范围之外，而被认为是数学的一个分支。从弗雷格开始，从逻辑推导出数学一直是逻辑主义的重要纲领，否认集合论属于逻辑，实际上抽掉了逻辑主义的基石，没有集合论的纯逻辑是推导不出数学来的。

立足于同一性，蒯因也反对对模态语境进行量化，并进而对模态谓词逻辑提出了批评。蒯因认为，模态词在句子中的出现会引发指称不明的语境，即同一的保真替换性会在模态语境中失效。如"9"和"行星的数目"指称同一个对象，因而"9"和"行星的数目"之间存在同一性，即"9 = 行星的数

---

① Quine, *Philosophy of Logic*, Tokyo：Prentice‑Hall, INC, 1970, p. 68.

目"，语句"9 必然大于 7"是真的，但以"行星的数目"替换
"9"，所得到的语句"行星的数目必然大于 7"却是假的，同一
的保真替换性规律在此失效，模态语句引发了指称不明的语境。
而这种指称不明的语境继而会引发存在概括规则的失效。存在
概括规则说的是：A（t），⊢∃xA（x），即这条规则说的是
"如果一个事物对某一个有名字的事物成立，那么它也将对至少
一个事物成立"，其中 t 是任意的可以对 x 代入的项，可以是个
体变元，也可以是个体常元。而如果对"9 必然大于 7"进行存
在概括，得到一个表达式是"∃x（x 必然大于 7）"，那么这个
"必然大于 7"的事物是什么呢？如果这个事物是 9，代入的结
果"9 必然大于 7"是正确的，而"9 = 行星的数目"，将"行
星的数目"代入后所获得的语句"行星的数目必然大于 7"却
是假的，存在概括规则在此失效。蒯因认为，存在概括规则的
失效是因为存在概括规则预设的前提是，存在概括的对象 t 在句
子中起到指称的作用，而如果 t 在句子中不是纯指称性质的，那
么对 t 进行存在概括就会出问题。而模态语境中存在概括规则的
失效说明在语句"9 必然大于 7"中，9 不是纯指称性的，这进
而说明"必然大于 7"不是"9"所指称事物的属性，而仅仅只
是与指称事物的方式有关的性质。而面对蒯因对模态谓词逻辑
的指责，模态谓词逻辑的支持者们认为在模态语境中 9 和行星
的数目之所以不能保真替换，不是因为"必然地大于 7"这个
属性是与指称事物的方式有关的属性，而是因为"必然地大于
7"是 9 所指称对象的必然属性，而"等于行星的数目"是 9 所
指称对象的偶然属性，所以"行星的数目"代入"∃x（x 必然
大于 7）"这个表达式，其结果是假的。而模态谓词逻辑的支持
者为了维护模态谓词逻辑而诉诸本质主义的做法，在蒯因看来
也是不可取的，因为本质主义将一些属性看作事物必然具有的

性质，而将其他属性看作事物偶然具有的性质，这样的划分方法在蒯因看来不具有客观性，因而建立在本质主义之上的模态谓词逻辑在蒯因看来也是不可取的。

替换量化在此提出了与蒯因相反的观点。首先，替换量化者认为存在概括规则之所以在模态语境下失效，只是因为蒯因对存在概括做了一个对象量化的解读而不是一个替换量化的解读。对于存在概括规则"A（t），⊢∃xA（x）"，马库斯提出一个替换量化的解读："如果 t 是 A，那么至少有一个 A 的替换例是真的"。而对包含模态的语句"9 必然大于 7"进行存在概括所得的表达式是"∃x（x 必然大于 7）"，这个表达式说的是"至少有一个'x 必然大于 7'替换例是真的"，已知"9 必然大于 7"，因此在这样的替换量化的解读下，存在概括规则在模态语境下不再失效。

而针对蒯因对模态语境"指称不明"的断言，替换量化者认为，"指称不明"不是由模态语境造成的，而是由蒯因对同一的定义造成的。在蒯因的理论中，凡是用来指称一个独一无二的对象的语词都称为个体词（至于个体词能不能指称到一个对象，在蒯因看来是现实的问题，而不是语言的问题，因此"飞马"在蒯因的理论中也是个体词），因此在蒯因的系统中，个体词不仅包括专名，还包括摹状词。而同一这个概念表达的是两个语言表达式指称同一对象的关系，因此同一这种关系不仅适用于专名之间，而且适用于专名和摹状词之间，因此"9 = 行星的数目"是一个正确的表达。而马库斯却认为，之所以"9 = 行星的数目"与"9 必然大于 7"这两个语句为真的但等值替换后所得到的结果"行星的数目必然大于 7"成为假的，是因为"7"和"9"是专名，而"行星的数目"是一个摹状词，摹状词和专名是不一样的。两个专名指称同一个对象，它们之间的同一是必然的同一，而专名和摹状词之间的同一是一种偶然的同一，因此"9"和"行星的数目"之间的同一是偶然的，它们之间也因此不能互换保真。在这里，马库斯第一次提出了"必然同一性"的概念：两个专名之间是同一的，那么它们之间的同一是必然的。

后来克里普克在可能世界语义学的基础上进一步对"同一的必然性"进行解释和发挥。在克里普克看来，专名是严格的指示词，即专名在任何可能世界中都指称同一个对象，"苏格拉底"这个专名在任何可能世界中都指称古希腊那个伟大的哲学家。摹状词是非严格的指示词，其相对于不同的可能世界，指称的对象会有所不同，"美国现任的总统"这个摹状词相对于不同的时间，指称的对象就会发生变化。作为严格的指示词，专名在所有可能世界都指称同一个对象，因此如果两个专名是同一的，那么它们在所有的可能世界都指称同一个对象，这种同一关系在所有可能世界都是真的。而"在所有可能世界中是真的"正是必然性的含义，因此，如果两个专名之间是同一的，那么这种同一是必然的。

在此基础上，克里普克进一步解释了什么是本质，并认为模态逻辑并不是像蒯因所说的那样是向亚里士多德的本质主义回归。在亚里士多德看来，本质就是决定一事物之所以是该事物并将一事物与其他事物区别开来的属性，在亚里士多德的系统中，亚里士多德主要关注的是类的本质，个体在亚里士多德看来是没有本质的，亚里士多德这些关于本质的观点构成了古典本质主义的主要观点。而克里普克提出了新的关于本质主义的观点。首先，克里普克承认个体是有本质的，因此克里普克关于本质的讨论分为两个层次进行：个体的本质和自然类（natural kind）的本质。克里普克认为个体的本质就是个体的独特的起源方式。以亚里士多德这个个体为例，亚里士多德可以不是苏格拉底的学生，可以不是亚历山大大帝的老师，可以不是《工具论》的作者，但他不可能不由亲生父母所生，而起源于那个特定的受精卵就是亚里士多德的个体本质。当一个孩子出生而他的父母将其命名为"亚里士多德"的时候，这个名字就形成了一个历史的因果链而被人们所熟悉和运用，而对于这个个体而言，其最初的起源方式和独特的命名方式就构成了这个个体的本质。针对自然类的本质，克里普克提出了内部构造说，即自然类的本质主要来自这个自然类中每个个体所共同具有的内部结构。在此基础上，克里普克认为："当我们把一种特性看作某个对象的本质时，我们通常指的是，这对于那个对象来说，在它存在的任何场合下都是真的"①，而在任何场合中为真正是克里普克对必然性的定义，因此，所谓本质属性就是在所有的可能世界里都必然真的属性。这正是模态谓词逻辑所承认和承诺的本质主义：有些属性对于事物来说是必然的，而有些属性对于事物来说并非是必然的，这种本质并非是亚里士多德所谓的决定一事物之所以是该事物并将该事物与其他事物区别开来的属性，而是这种属性对于事物来说是在任何情况下都具有的属性，即对事物来说是必然性的属性。

这样一来，针对蒯因对模态谓词逻辑的两个诘难：造成指称不明的语境和存在概括规则的失效，替换量化都提出了相应的辩护方案。蒯因认为包含模态词的语句会造成指称不明的语境，即同一的保真替换性不能维持。面对蒯因的这个诘难，替换量化者认为指称不明的语境不是模态逻辑造成的，而是由蒯因所持的关于同一的概念过宽造成的。蒯因将专名和摹状词都

---

① ［美］克里普克：《命名与必然性》，梅文译，上海译文出版社 2001 年版，第 29 页。

都归入个体词的范围之内，因而其关于同一的关系不仅适用于专名之间，也适用于专名和摹状词之间。而替换量化在可能世界语义学的基础之上，指出了专名和摹状词之间的区别：专名是严格指示词，专名在所有的可能世界里都指称同一个对象；而与此相对应的是，摹状词是非严格指示词，相对于不同的可能世界，其所指称的对象会发生变化。因此，专名之间的同一是必然的，在任何可能世界都指称同一个对象，而专名和摹状词之间的同一不是必然的，而是偶然的。替换量化者认为蒯因正是没有看到专名和摹状词的区别，因而不断地用摹状词去替换专名，才会导致他认为模态词会导致指称不明的语境，而如果用表达同一对象的两个专名相互替换，同一的保真替换律就不会失效，模态词也因此不再造成指称不明的语境。而针对蒯因所认为的包含模态词的语句会造成存在概括规则失效，替换量化也提出了相应的解决方案：对存在量化规则进行替换例的解读，在这种替换量化的解释下，存在概括规则也不再失效。在此基础上，替换量化认为模态量化逻辑并不像蒯因所言的是"建立在混淆蕴涵和条件句的罪恶之上"，而是一种正常的逻辑类型。20世纪70年代以来，在克里普克语义学的基础之上，模态谓词逻辑迅速发展，模态逻辑不仅在自身的发展中首先提出了或创建了一些对整个逻辑学来说都很重要的理论和方法，而且引发了道义逻辑、时态逻辑等众多其他哲学逻辑分支的建立和发展。

二　逻辑与哲学

量化是现代逻辑的一个基础理论，通过对量化理论的研究，一系列哲学问题如本体论、指称理论、意义理论以及真理论都与之密切相关，不同的量化解释将会导致关于指称、真以及本体论的不同观点和理论，不同的关于真、指称以及意义理论的观点将会导致不同的逻辑的观念。从量化理论的视角，总结逻辑与哲学的相互关系，是本节的主要内容。

在为模态逻辑辩护的时候，马库斯曾经认为蒯因的本体论承诺理论是一种哲学的偏见。在马库斯看来，蒯因并不是首先做到了逻辑以及量化的"话题中立"，然后再运用这样的逻辑工具去进行哲学问题的探讨，以至于得出了"存在就是成为一个变元的值"这样的本体论承诺的标准，而是蒯因首先就有了本体论方面的预设和承诺，然后再用这样的预设来进行逻辑方面的标准的制定——"如果我们在一定程度上已经相信物理对象和数这两类事物的存在，那么，我们的量词解释就会保证只有物理对象和数才是量词的变元所涉及的范围，而这样的量化解释的结果正好与预设相一致"①。在此基础上，马库斯认为，蒯因并不是先有一个逻辑的系统或逻辑的标准来选定本体论承诺的事物，而是蒯因本来就是有自己的哲学倾向，即只承认个体、类和数，因而其在逻辑上坚持一阶量化，使得变元只能在这三类事物中取值，而这些变元的取值刚好又是这个理论的本体论承诺。因此，在马库斯看来，逻辑是蒯因用来维护其哲学理论的工具。因而这样的量化与本体论的关联在马库斯看来也是牵强的和任意的，是一种哲学上的偏见。因此马库斯断然取消了变元的值这个概念，而引入替换例这个概念，整个量化式的真由此取决于替换例带入后所形成的句子的真值，而不取决于代入变元的语言表达式所指称的对象是否存在，马库斯要以这样的做法来取消量化和本体论承诺之间的联系。

---

① Marcus R. B., "Quantification and Ontology", *Modalities：Philosophical Essays*, New York：Oxford University Press, 1993, pp. 78–80.

　　在这里，马库斯认为蒯因的哲学理论决定了其逻辑的观念：蒯因认为只有个体词具有指称因而坚持对个体词的量化，即一阶逻辑。马库斯的这个观点蒯因是不赞同的。晚年在接受采访时，当被问及逻辑和理论科学之间的关系时，蒯因[①]认为，也许对于一个物理学家或者一般人而言，了解一些初等逻辑（特指现代逻辑诞生之前的逻辑——笔者注）的内容从而具备一些常识就足够了，但对于理论知识的系统理解，现代逻辑（与初等逻辑相对应的概念，特指一阶逻辑——笔者注）的重要性开始凸显：对于分析性工作而言，特别是对于数学基础研究或者对于概念的哲学分析，逻辑起到决定性的（vital）作用。这是蒯因对职业哲学家的忠告，也是他本人对于其毕生从事哲学研究的总结。在另外的场合，当谈及自己的哲学观的时候，蒯因坦言自己哲学的基石之一就是外延主义（另一个基石是自然主义）。外延主义是与逻辑学特别是与一阶逻辑紧密联系的概念，迄今为止，在所有的逻辑类型中，一阶逻辑被称为外延逻辑，而相对于一阶逻辑，模态逻辑等其他逻辑类型则被称为内涵逻辑。在蒯因看来，逻辑在哲学分析中起到了决定性作用。

　　逻辑在哲学分析中的决定性作用，也得到了很多哲学家的支持和引证。卡尔纳普在 20 世纪 30 年代的哲学观念发生了巨大的转变，在此之前，卡尔纳普关注的是逻辑句法理论，期望通过语言来刻画逻辑真，并进而刻画世界。而在 20 世纪 30 年代，随着新的逻辑类型的出现，对"必然性"的关注使得卡尔纳普意识到逻辑真理并不是以实质性的方式来刻画世界，而是对刻画世界的语言进行组合和构建，从此以后，关注对逻辑系统的语义解释，并进而建立新的哲学理论成为卡尔纳普 20 世纪

---

① Quine, "W. V. Quine: Perspectives on Logic, Science and Philosophy", Quine D & Follesdal D. (ed.), *Quine in Dialogue*, Cambridge: Harvard University Press, 2008, p. 46.

30 年代以来的主要任务："促使卡尔纳普的哲学观念走向成熟的因素就是他意识到逻辑系统的多样性，即存在着多种方式来对演绎推理的结构进行分析和刻画，并且这些方式不可能以一种令人满意的方式归约为经典逻辑。"① 同样的观点也被克里普克所支持。在与林斯克谈及其早期的著作《命名与必然性》时，克里普克坦言②，正是对模态谓词逻辑的同情和支持、正是对模态谓词逻辑的关注使得他深入地思考了"严格指示词"和专名以及由此所引发的哲学和逻辑问题。

从卡尔纳普、蒯因到克里普克，这些语言哲学不同时期的领军人物的观点都深受其逻辑观念的影响。对新的逻辑类型的关注使得卡尔纳普从逻辑句法转向语义学的研究，对一阶逻辑的坚持和捍卫使得蒯因坚持外延主义，并进而倡导一种全新的本体论承诺理论和关于真的理论。而对模态逻辑的支持使得克里普克提出了可能世界语义学，并进而提出了新的指称理论和新的本质主义的观点。在这些哲学家的哲学研究工作中，逻辑起着关键性的作用。

对于蒯因本人而言，坚持对象量化，其本质就是坚持一阶量化和一阶逻辑。正是以一阶逻辑为视角，蒯因认为，个体词与普遍词以及与命题的根本区别就是个体词是表达指称的装置，用来表达语言与语言之外的世界的联系，而普遍词和命题都不是事物的名字，是用来描述事物的，是模式字母，一个人可以有意义地使用普遍词，而拒绝承认有任何事物被普遍词所命名——"一个人可以承认有红的房屋、玫瑰花和落日，但否认

---

① Creach R., "Quine's Challenge to Carnap", Frieman M., Creach R., *The Cambridge Companion to Carnap*, New York: Cambridge University Press, 2007, p. 316.

② Linsky B., "Kripke on Proper and General Names", Berger A. (ed.), *Saul Kripke*, New York: Cambridge University Press, 2011, p. 17.

它们有任何共同的东西被'红性'这个词命名，认为这是一种通俗而易引起误解的说话方式而已"①。而个体词与蒯因的本体论承诺密切相关，一个理论的本体论承诺就是为了使得该理论为真变元的取值，变元相当于代词的功能，用来表达个体词代入的位置，对蒯因而言，"存在就是成为一个变元的值"是本体论承诺的衡量标准，而"没有同一性就没有实体"则是其本体论承诺的标准，在这样的双重的标准下，个体、数和建立在个体之上的集合是蒯因的本体论承诺的对象和范围。在此基础之上，对于句子的真，蒯因坚持"真即去引号"，即一个句子的真就在于其与外部世界的符合，"雪是白的"是真的，当且仅当雪是白的，"是真的"在这里相当于去引号的作用。对于量化式的真，蒯因坚持塔斯基的做法，即通过递归地定义开语句的满足，来间接地获得量化式的真。蒯因通过递归地定义开语句的方式来定义量化式的真的观点，是与其对象量化的观点密切相关的：正是由于量词域的存在，才可以通过指派的方式将域内的对象与开语句联系起来，正如汉德所指出的那样："如果在基础语义学里引入满足这个概念，即通过将域中的对象指派给变元的做法，那么这种语言实际上已经做了本体论的承诺。"②

　　马库斯和克里普克以模态量词逻辑为视角，对于指称、同一以及本质主义等概念提出了新的观点和理论。蒯因反对模态谓词逻辑，认为对模态语境进行量化是"一场灾难"，因为模态语境会造成"指称不明"和存在概括规则失效。而马库斯和克里普克则认为，蒯因之所以认为模态语境会造成指称不明，是

① Quine, "On What There Is", *From a Logical Point of View*, Cambridge: Harvard University Press, 1980, p. 10.

② Hand M., "Obiectual and Substitutional Interpretation of Quantifiers", Jacquette D. (ed.), *Handbook of Philosophy of Logic*, Amsterdam: Elsevier, 2007, p. 655.

因为蒯因对摹状词与专名不加区分地使用。在马库斯和克里普克看来，摹状词与专名是不同的。马库斯认为专名和摹状词的不同在于专名之间的同一是一种必然的同一，而摹状词之间则不是，至于为什么专名之间的同一是必然的同一，马库斯并没有能够作出进一步的解释。而克里普克则引入了可能世界的概念来解释专名和摹状词。专名在所有的可能世界里指向同一个个体，而摹状词相对于不同的可能世界其指称的对象可能会发生变化，"美国现任的总统"这个摹状词相对于不同的时间，其指称对象可能会不同。因此，克里普克把专名称为"严格指示词"，而把摹状词称为"非严格的指示词"。这样一来，如果两个专名是同一的，则意味着这两个不同的专名在所有的可能世界里都为真，而"在所有的可能世界里都是真的"，这正是克里普克对"必然性"的定义，因此，如果两个专名是同一的，那么这种同一是必然的。

在此基础上，克里普克对本质主义提出新的看法：专名指称个体，而个体为何能够在不同的可能世界经历了不同的变化后保持自身的同一？克里普克将这种同一归之于个体的独特的命名方式。对于亚里士多德这个个体而言，当他出生的时候，他父母对这个孩子命名之后，这个名字就会通过历史的链条使用和传播开来，亚里士多德可以不是《工具论》的作者，可以不是亚历山大大帝的老师，可以不是哲学家，但不可能不是亚里士多德，而这个独特的起源方式对于亚里士多德而言，意味着在所有可能世界是真的，即必然的。克里普克把这种独特的起源方式称为个体的本质属性，所谓本质属性，就是在所有的可能世界里都真的属性，即必然属性。与此同时，克里普克认为"水"、"老虎"等自然类的本质属性就是构成这些自然类的个体的共同的内部结构。在哲学史上，克里普克第一次将必然性这个概念引入对本质问题的分析中去，并第一次提出了"个体的本质"这个概念，相对于亚里士多德的本质主义的观点，克里普克关于本质的观点被称为新本质主义。

与此同时，克里普克建立了新的指称理论和意义理论。传统的弗雷格的意义理论认为专名如同概念词和句子一样，都具有含义，因此弗雷格的意义理论就是由专名、概念词和句子的含义三部分所构成。含义决定指称，相应于专名的含义，总有对象与之相对应。并且在弗雷格的理论中，专名不仅包括名字，还包括限定摹状词。弗雷格的关于意义和指称的理论开创了意义和指称理论研究的领域，并成为 20 世纪很多哲学家们所共同坚持的原则，其中包括卡尔纳普和蒯因。而克里普克立足于可能世界语义学，指出专名不同于摹状词，专名是我们语言中专门设计出来用来表达指称的装置，专名的唯一的作用就是指称，而不具有含义和意义。一旦一个专名被确定指称一个个体，这种指称关系就会通过历史的链条被传播开来，并在使用中获得意义。这些意义对于个体来说并没有决定意义，任何的含义都可以消失，但这个专名还是指向这个个体，这种指称关系并不会因此发生变化。克里普克的这种新的关于指称的理论被称为"历史的、因果指称理论"，克里普克的新指称理论改变了人们关于意义和指称以及两者之间关系的看法。

对于同一、指称、意义、真等这些语言哲学的核心概念，蒯因和克里普克立足于不同的逻辑理论提出了不同的观点和理论。对于同一，立足于一阶逻辑，蒯因认为同一关系存在于个体词（包括专名和摹状词）之间，因为只有单称词才能做到同一物的不可区分原理，而克里普克立足于模态逻辑，在蒯因的基础之上进一步区分了必然的同一和偶然的同一。对于指称，蒯因认为个体词与指称密切相关，个体词是对象的名字，而普遍词、命题等不是事物的名字。而克里普克则进一步指出专名和摹状词虽然都表达指称，但它们是不同类型的指称词，专名是严格指示词，而摹状词是非严格的指示词，克里普克进一步认为专名是专门用来表达指称的工具，只有指称，不具有意义。对于真，蒯因立足于对象量化，强调真只能通过定义开语句的满足而间接地获得定义，而克里普克立足于替换量化，认为真可以通过代入替换例语句的真假直接得到，一个全称量化式相当于所有替换例的合取，而一个替换量化式相当于所有替换例的析取。立足于不同的逻辑类型，将会导致对一系列哲学基本概念的不同的看法和观点，不同的逻辑会导致不同的关于哲学的观念，正是在这个意义上说，逻辑对于哲学的研究是至关重要的。

逻辑之所以可以在哲学分析中起到像蒯因所言的决定性的作用，笔者觉得这是由哲学和逻辑的本性所决定的，从古希腊的时候，亚里士多德对形而上学的定义就是研究是之为是（being as being）的学问，那时候的亚里士多德已经意识到了哲学、语言以及外部世界之间的关系——哲学是通过语言把握世界的。而逻辑是用来分析语言结构、组织命题论证的工具，正是在语言这个结点上，逻辑与哲学密切相关，这种相关性从古希腊一直延续至今，而不像一般人所理解的，这种相关性只体现在现代逻辑与语言哲学之中。只是以前的很多哲学家很少意识到这种相关性。没有意识到不等于不存在。在分析哲学领域，逻辑与哲学的这种相关性被哲学家充分意识到而自觉运用，甚至分析哲学本身就是建立在现代逻辑的基础之上。

运用现代逻辑带来的视角，弗雷格认为个体词与普遍词的区别在于前者与对象相联系，而后者则是用来谓述个体词所指称的对象的，个体词和普遍词表达的是不同层次的东西，这样在哲学史上弗雷格第一次改变了人们对个体词和普遍词的区分这个古老的哲学问题的看法和观点。弗雷格也深深知道这种新的逻辑会对哲学产生的深远影响："如果说哲学的任务就是打破语词对人类精神的统治的话，我的概念文字将会成为哲学家们的一种有用的工具。"① 而运用逻辑带来的视角，罗素运用量化式和同一符号消去摹状词，从而指出摹状词和专名的不同，罗素的摹状词理论被称为"分析哲学的典范"，罗素自己也认为逻辑在哲学分析中具有重要的作用，逻辑是哲学的本质。维特根斯坦也正是运用一阶命题逻辑提供的视角，认为世界是由事实构成的，而非以前哲学家所认为的由事物组成。维特根斯坦被公认为 20 世纪最伟大的哲学家。维特根斯坦认为："哲学的目的是从逻辑上澄清思想。哲学不是一门学说，而是一项活动。"② 而蒯因从一阶逻辑出发，认为个体、数和建立在个体之上的类是全部的本体论承诺，本体论在本质上就是概念框架："我们关于外部事物的谈话，我们的事物概念本身，只不过是一种概念装置，它帮助我们以我们感觉接收器以前被触发的情况为依据，去预测和控制我们的感觉接收器以后被触发的情况。这种触发经常是我们必须关注的一切。"③ 蒯因正是在此意义上将哲学与科学联系起来，从而促使了分析哲学向实用主义哲学的转变。而克里普克运用模态逻辑带来的视角，对必然性和可能性提出了新的解释，并在此基础上提出了新的指称理论和新的本质主义的观点。在模态逻辑的框架下，经典的哲学问题将会被重新

---

① ［德］弗雷格：《概念文字：一种模仿算术语言构造的纯思维的形式语言》，载《弗雷格哲学论著选辑》，王路译，商务印书馆 2006 年版，第 4 页。

② ［奥］维特根斯坦：《逻辑哲学论》，何绍甲译，商务印书馆 2012 年版，第 48 页。

③ Quine, "Things and Their Place in Theories", Roger F., Gibson Jr. (ed.), *Quintessence: Basic Readings from the Philosophy of W. V. Quine*, Cambridge: The Belknap Press of Harvard University Press, 2004, p. 229.

表达并以一种新的视角看待："如果没有模态逻辑，分析哲学绝对不会是现在的样子。"① 正因为如此，冯·赖特在谈及逻辑与哲学的关系时强调："20 世纪哲学最突出的特征是逻辑的复兴以及其在哲学的整个发展过程中扮演着发酵剂的角色。"②

逻辑是一门科学，它提供了一种探寻真的普遍性的方法，从而为其他的科学探寻真语句（即一般意义上的真理或真）提供了一种方法论的基础。与此同时，为了追求真的普遍性即真的规律，逻辑对语言结构进行了深入分析，并形成了对语言结构以及语句的特定的视角和观点。这种观点如果为哲学所借鉴，必然会形成关于哲学问题乃至哲学本身的一种看法。尽管在当今的逻辑学界，关于逻辑的范围仍然存在争议，但毋庸置疑的是，用不同的逻辑类型看待哲学，会形成关于哲学的不同的看法，重要的是，逻辑提供了一种视角。研究哲学有很多的路径和方法，不只逻辑。从不同的路径和视角出发，同一个哲学问题会呈现出不同的面貌。问题的核心是：首先，研究哲学要有视角；其次，逻辑提供一种视角；最后，我们可以不了解逻辑，但我们不能无视逻辑带给哲学的视角。

---

① Lindstrom S., Segerberg K., "Modal Logic and Philosophy", Blackburn P., Benthem J., Wolter F. (ed.), *Handbook of Modal Logic*, Amsterdam and Boston: Elsevier, 2007, p.1149.

② ［芬］冯·赖特：《20 世纪的逻辑和哲学》，载《知识之树》，陈波、胡泽洪等译，三联书店 2004 年版，第 146 页。

参考文献

Aristotle, " Metaphysics ", Barnes, J. (ed.), *The Complete Works of Aristotle*, Princeton: Princeton University Press, 1984.

Berger A. (ed), *Saul Kripke*, New York: Cambridge University Press, 2011.

Berger A. , "Introduction to Kripke", Berger A. (ed), *Saul Kripke.* New York: Cambridge University Press, 2011.

Berlinski D. , Gallin D. , "Quine's Definition of Logical Truth", *Nous*, Vol. 3, No, 2, 1969.

Blackburn, Rijke, Venema, *Modal Logic*, Cambridge: Cambridge University Press, 2001.

Boolos G. , "To Be Is to Be a Value of a Variable (or to be Some Values of Some Variables)", *The Journal of Philosophy*, Vol. 81, No. 8, 1984.

Carnap R. , "Empiricism, Semantics, and Ontology", *Meaning and Necessity*, Chicago: The University of Chicago Press, 1956.

Carnap R. , "Intellectual Autobiography", Schilpp P. A. (ed.), *The Philosophy of Rudolf Carnap*, La Salle: The Open Court Publishing Company, 1963.

Carnap R. , *Introduction to Semantics*, Cambridge: Harvard University Press, 1942.

Carnap R. , "Modalities and Quantification", *The Journal of Symbal Logic.* Vol11, No. 2, 1946.

Carnap R. , *Meaning and Necessity*, Chicago: The University of Chicago Press, 1956.

Chiswell I. , Hodges W. , *Mathematical Logic*, Oxford: Oxford University Press, 2007.

Church A. , "Ontological Commitment", *The Journal of Philosophy*, Vol. 55, No. 23, 1958.

Church A. , "The Need for Abstract Entities in Semantic Analysis", *Proceedings of the American Academy of Arts and Sciences*, Vol. 80, No. 1, 1951.

Copi I. M. , "Essence and Accident", Schwartz S. P. , *Naming, Necessity and Natural Kinds.* Ithaca and London: Cornell University Press, 1977.

Creach R. , "Quine's Challenge to Carnap", Frieman M. , Creach R. , *The Cambridge Companion to Carnap*, New York: Cambridge University Press, 2007.

Davison D. , "The Folly of Trying to Define Truth", *The Journal of Philosophy*, Vol. 93, No. 6, 1996.

Denyer N. , "Names, Verbs and Quantification Again", *Philosophy*, Vol. 74, No. 289, 1998.

Denyer N. , "Names, Verbs and Quantification", *Philosophy*, Vol. 73, No. 286, 1998.

Devitt M. , "Singular Terms", *The Journal of Philosophy*, Vol. 71, No. 7, 1974.

Dodd J. , *An identity theory of truth*, New York: Palgrave Macmillan, 2008.

Dummett M. , *Frege: Philosophy of Language*, Cambridge: Harvard University Press, 1981.

Dunn M. , Belnap N. , "The Substitution Interpretation of Quantifiers", *Nous*, Vol. 2, No. 2, 1968.

Engel P. , *The Norm of Truth: An Introduction to the Philosophy of Logic*, Toronto Buffalo: University of Toronto Press, 1991.

Follesdal D. , *Reference Opacity and Modal Logic*, New York: Routledge, 2004.

Forbes G. , *The Metephysics of Modality*, Oxford: Clarendon Press, 1985.

Frege, *The Frege Reader.* Beaney M. (ed.) . Oxford: Blackwell Publishing, 1997.

Frieman M. , Creach R. , *The Cambridge Companion to Carnap*, New York: Cambridge University Press, 2007.

Glock H. , *Quine and Davison on Language, Thought and Realty*, Cambridge: Cambridge University Press, 2008.

Hacck S. , *Philosophy of Logics*, London: Cambridge University Press, 1978.

Hahn L. E. , Schilpp P. A. , *The Philosophy of W. V. Quine*, Chicago: Open Court, 1998.

Hand M. , "Obiectual and Substitutional Interpretation of Quantifiers", Jacquette D. (ed.), *Handbook of Philosophy of Logic*, Amsterdam: Elsevier, 2007.

Harmer G. , "Substitutional Quantification and Quotation", *Nous*, Vol. 5, No. 1, 1971.

Hintikka J. , "Sematics for Propsitional Attitude", Linskey L. (ed.), *Reference and Modality*, London: Oxford Univertity Press, 1971.

Hookway C. , *Quine: Language, Experience and Reality*, Stanford: Stanford University Press, 1988.

Kaplan D. , " Quantifying In", Linskey L. (ed.), *Reference and Modality*, London: Oxford Univertity Press, 1971.

Kripke S. , "Is There a Problem about Substitutional Quantification", Evans G. , McDowell J. (ed), *Truth an Meaning: Essays in Semantics*, Oxford: Clarendon Press, 1976.

Kripke S. , "Semantical Consideration on Modal Logic", Linskey L. (ed.), *Reference and Modality*, London: Oxford Univertity Press, 1971.

Kripke S. , "Identity and Necessity", Stephen P. (ed.), *Naming, Necessstiy, and Natural Kinds*, Ithaca and London: Cornell University Press, 1977.

Kvart I. , "Quine and Modality De Re: A Way Out?" *The Journal of Philosophy*, Vol. 79, No. 6, 1982.

Leonard L. (ed.), *Reference and Modality*, London: Oxford University, 1971.

Leonardi P. , Napoli E. , "On Naming", Leonardi P and Santambrogio M. (ed.), *On Quine*, New York: Cmbridge University, 1995.

Lewis H. A. , " Substitutional Quantification and Nonstandard Quantifiers", *Nous*, Vol. 19, No. 3, 1985.

Lindstrom S. , Segerberg K. , "Modal Logic and Philosophy", Blackburn P. , Benthem J. , Wolter F. (ed.), *Handbook of*

Modal Logic, Amsterdam and Boston: Elsevier, 2007.

Linskey L. , "Reference, Essentialism, and Modality", Linskey L. (ed.), *Reference and Modality*, London: Oxford Univertity Press, 1971.

Linsky L. , "Two Concepts of Quantification", *Nous*, Vol. 6, No. 3, 1972.

Linsky B. , "Kripke on Proper and General Names", Berger A. (ed.), *Saul Kripke*, New York: Cambridge University Press, 2011.

MacFarlane J. , "Frege, Kant and the Logic of Logicism", *The Philosophical Review*, Vol. 11, No. 1, 2002.

Marcus R. B. , "Interpreting Quantification", *Inquity*, Vol. 5, 1962.

Marcus R. B. , "Essentialism in Modal Logic", *Nous*, Vol. 1, No. 1, 1967.

Marcus R. B. , "Extensionality", Linskey L. (ed.), *Reference and Modality*, London: Oxford Univertity Press, 1971.

Marcus R. B. , "Modalities and Intensional Language", *Modalities: Philosophical Essays*, New York: Oxford University Press, 1993.

Marcus R. B. , "Essentialism in Modal Logic", *Modalities: Philosophical Essays*, New York: Oxford University Press, 1993.

Marcus R. B. , "Essential Attibution", *Modalities: Philosophical Essays*, New York: Oxford University Press, 1993.

Marcus R. B. , "Quantification and Ontology", *Modalities: Philosophical Essays*, New York: Oxford University Press, 1993.

Marcus R. B. , "A Backward Look at Quine's Animadversions on Modalities", *Modalities: Philosophical Essays*, New York:

Oxford University Press, 1993.

Michael J. , *The Possible and the Actual*, Ithaca and London: Cornell University Press, 1979.

Parsons C. , "Much Ado about Substitutional Quantification", *The Journal of Philosophy*, Vol. 73, No. 18, 1976.

Peregrin J. , "Extensional VS. Intensional Logic", Jacquette D (ed.), *Handbook of Philosophy of Logic*, Amsterdam: Elsevier, 2007.

Quine, "On What There Is", *From a Logical Point of View*, Cambridge: Harvard University Press, 1980.

Quine, "Two Dogmas of Empiricism", *From a Logical Point of View*, Cambridge: Harvard University Press, 1980.

Quine, "Identity, Ostension and Hypostasis", *From a Logical Point of View*, Cambridge: Harvard University Press, 1980.

Quine, "Logic and the reification of universals", *From a Logical Point of View*. Cambridge: Harvard University Press, 1980.

Quine, "Notes on the Theory of Reference", *From a Logical Point of View*, Cambridge: Harvard University Press, 1980.

Quine, "Reference and Modality", *From a Logical point of view*, Cambridge: Harvard University Press, 1980.

Quine, Magee B. , "The Ideas of Quine", Quine D. & Follesdal D. (ed.), *Quine in Dialogue*, Cambridge: Harvard University Press, 2008.

Quine, "Truth by Convention", Roger F. , Gibson Jr. (ed.), *Quintessence: Basic Readings from the Philosophy of W. V. Quine*, Cambridge: The Belknap Press of Harvard University Press, 2004.

Quine, "Reference", Roger F., Gibson Jr. (ed.), *Quintessence: Basic Readings from the Philosophy of W. V. Quine*, Cambridge: The Belknap Press of Harvard University Press, 2004.

Quine, "Things and Their Place in Theories", Roger F., Gibson Jr. (ed.), *Quintessence: Basic Readings from the Philosophy of W. V. Quine*, Cambridge: The Belknap Press of Harvard University Press, 2004.

Quine, "On Carnap's Views on Ontology", Roger F., Gibson Jr. (ed.), *Quintessence: Basic Readings from the Philosophy of W. V. Quine*, Cambridge: The Belknap Press of Harvard University Press, 2004.

Quine, "Five Milestones of Empiricism", Roger F., Gibson Jr. (ed.), *Quintessence: Basic Readings from the Philosophy of W. V. Quine*, Cambridge: The Belknap Press of Harvard University Press, 2004.

Quine, "Confessions of a Confirmed Extensionalist", Roger F. and Gibson Jr. (ed.), *Quintessence: Basic Readings from the Philosophy of W. V. Quine*, Cambridge: The Belknap Press of Harvard University Press, 2004.

Quine, "Quantifiers and Propositional Attitudes", Roger F., Gibson Jr. (ed.), *Quintessence: Basic Readings from the Philosophy of W. V. Quine*, Cambridge: The Belknap Press of Harvard University Press, 2004.

Quine, *Method of Logic* (4th edition), Cambridge: Harvard University Press, 1982.

Quine, *Philosophy of Logic*, Tokyo: Prentice - Hall, INC, 1970.

Quine, *Pursuit of Truth*, Cambridge: Harvard University Press, 1990.

Quine, *Word and Object*, Cambridge: The MIT Press, 1960.

Quine, "On Frege's Way Out Mind", *New series*, Vol. 64, No. 254, 1955.

Quine, "Notes on Existence and Necessity", *The Journal of Philosophy*, Vol. 40 No. 5, 1943.

Quine, "On an Application of Tarski's Theory of Truth", *Proceedings of the National Academy of Science of the United States of American*, Vol. 38, No. 5, 1952.

Quine, "On Natural Deduction", *The Journal of Symbolic Logic*, Vol. 79, No. 6, 1982.

Quine, "On the Logic of Quantification", *The Journal of Symbolic Logic*, Vol. 10, No. . 1, 1945.

Quine, *Ontological Relativity and Other Essays*, New York: Columbia University Press, 1969.

Quine, "The Problems of Interpreting Modal Logic", *The Journal of Symbolic Logic*, Vol. 12, No. 2, 1947.

Quine, "The Scope of Language of Science", *The British Journal for the Philosophy of Science*, Vol. 8, No. 29, 1957.

Quine, "Designation and Existence", *The Journal of Philosophy*, Vol. 36, No. 26, 1939.

Quine, "Replies", Davison D. and Hintikka J. (ed.), *Words and Objections: Essays on the Work of W. V. Quine*, Dordrecht - Holland: D., Reidei Publishing Company, 1969.

Quine, "Reply to P. F. Strawson", Hahn L. E., Schilpp P. A. (ed.), *The Philosophy of W. V. Quine*, Chicago and La

Salle: Open Court Publishing Company, 1998.

Quine, "Semantics and Abstract Object", *Proceedings of the A-merican Academy of Arts and Sciences*, Vol. 80, No. 1, 1951.

Rice D. H., "'Exist' and Two Types of Quantification", *Analysis*, Vol. 48, No. 1, 1988.

Richard T., "How Quine didn't Learn to Quantify", *The Journal of Philosophy*, Vol. 76, No. 8, 1979.

Roger F., Gibson Jr. (ed.), *Quintessence: Basic Readings from the Philosophy of W. V. Quine*, Cambridge: the Belknap Press of Harvard University Press, 2004.

Ross W. D., *Aristotle's Prior and posterior Analysis*, Oxford: Oxford University Preee, 1949.

Russell B., *Logic and Ontology*, The Journal of Philosophy, Vol. 54, No. 9, 1957.

Scholz H., *Concise History of Logic*, New York: Philosophical Library, 1961.

Shahan R., Swoyer C., *Essays on the Philosophy of W. V. Quine*, Norman: University of Oklahoma Press, 1979.

Smiley T., "Syllogism and Quantification", *The Journal of Symbolic Logic*, Vol. 27, No. 1, 1962.

Smullyan A. F., "Modality and Description", Linskey L. (ed.), *Reference and Modality*, London: Oxford Univertity Press, 1971.

Stevenson L., "Frege's Two Definitions of Quantification", *The Philosophical Quarterly*, Vol. 23, No. 23, July 1973.

Strawson P. F., "Singular Terms and Predication", Davison D., Hintikka J (ed.), *Words and Objections: Essays on the Work of W. V. Quine*, Dordrecht – Holland: D. , Reidei Publishing Company, 1969.

Strawson P. F. , "Reference and Its Roots", Hahn L. E. , Schilpp P. A. (ed.), *The Philosophy of W. V. Quine*, Chicago and La Salle: Open Court Publishing Company, 1998.

Tarski A. , "The Conception of Truth in Formalized Languages", Woodger J. H. (ed.), *Logic, Semantics, Metamathematics: Papers from 1923 to 1938 by Alfred Tarski*, Oxford: Clarendon Press, 1956.

Tarski A. , "The Semantic Conception of Truth", Martinich A. P. (ed.), *The Philosophy of Language*, Oxford: Oxford University Press, 1985.

Tharp L. , "Truth, Quantification and Abstract Objects", *Nous*, No. 5, Vol. 4, 1971.

Omberlin J. E. , "Quantification: Objectional or Sbstitutional?", *Philosophical Issues*, Vol. 8, 1997.

Van Benthem, *Modal Logic for Open Minds*, Stanford: CSLI, 2010.

Van Inwagen, "Why I don't Understand Substitutional Quantification", *Philosophical Studies*, Vol. 139, 1981.

Veach, "Logical Truth and Logic", *The Journal of Philosophy*, Vol. 22, 1956.

Wallace J. , "Convntion T and Substitutional Quantification", *Nous*, Vol. 2, 1971.

Wallace J. , "On the Frame of Reference", Davison D. , Harman G. , *Semantics of Natural Language*, Dordrecht – Holland: D. , Reidel Publishing Company, 1972.

陈波：《逻辑哲学》，北京大学出版社 2005 年版。

陈慕泽、余俊伟：《数理逻辑基础——一阶逻辑与一阶理论》，中国人民大学出版社 2003 年版。

[德] 弗雷格：《概念文字：一种模仿算术语言构造的纯思维的形式语言》，载《弗雷格哲学论著选辑》，王路译，商务印书馆 2006 年版。

[德] 弗雷格：《论概念文字的科学根据》，载《弗雷格哲学论著选辑》，王路译，商务印书馆 2006 年版。

[德] 弗雷格：《什么是函数》，载《弗雷格哲学论著选辑》，王路译，商务印书馆 2006 年版。

[德] 弗雷格：《函数和概念》，载《弗雷格哲学论著选辑》，王路译，商务印书馆 2006 年版。

[德] 弗雷格：《论概念和对象》，载《弗雷格哲学论著选辑》，王路译，商务印书馆 2006 年版。

[德] 弗雷格：《论含义和意谓》，载《弗雷格哲学论著选辑》，王路译，商务印书馆 2006 年版。

[德] 弗雷格：《对含义和意谓的解释》，载《弗雷格哲学论著选辑》，王路译，商务印书馆 2006 年版。

[德] 弗雷格：《思想：一种逻辑的研究》，载《弗雷格哲学论著选辑》，王路译，商务印书馆 2006 年版。

[德] 弗雷格：《逻辑》，载《弗雷格哲学论著选辑》，王路译，商务印书馆 2006 年版。

[德] 弗雷格：《逻辑导论》，载《弗雷格哲学论著选辑》，王路译，商务印书馆 2006 年版。

[英] 格雷林：《哲学逻辑引论》，牟博译，中国社会科学出版社 1990 年版。

[美] 汉肯森·内尔森、杰克·内尔森：《蒯因》，张力锋译，

中华书局 2004 年版。

莫绍揆:《关于传统逻辑的现代化》,载中国社科院哲学研究所
　　编《金岳霖学术思想研究》,四川人民出版社 1987 年版。

[美] 克里普克:《命名与必然性》,梅文译,上海译文出版社
　　2001 年版。

[美] 蒯因:《从逻辑的观点看》,陈启伟、江天骥等译,中国
　　人民大学出版社 2007 年版。

[美] 蒯因:《理论和事物》,载《蒯因著作集》(第六卷),陈
　　波等译,中国人民大学出版社 2007 年版。

李小五:《模态逻辑》,中山大学出版社 2005 年版。

[波] 卢卡西维茨:《亚里士多德的三段论》,李真等译,商务
　　印书馆 1991 年版。

[英] 麦基:《思想家》,周穗明等译,三联书店 1987 年版。

[美] 穆尼茨:《当代分析哲学》,吴牟人等译,复旦大学出版
　　社 1986 年版。

[美] 斯鲁格:《弗雷格》,江怡译,中国社会科学出版社 1989
　　年版。

[波] 塔尔斯基:《逻辑与演绎科学方法论导论》,周礼全等译,
　　商务印书馆 2009 年版。

王路:《弗雷格思想研究》,商务印书馆 2008 年版。

王路:《逻辑基础》,人民大学出版社 2013 年版。

王路:《逻辑与哲学》,载张清宇编《逻辑哲学九章》,江苏人
　　民出版社 2004 年版。

王路:《亚里士多德的逻辑学说》,中国科学出版社 2005 年版。

[英] 威廉·涅尔、玛莎·涅尔:《逻辑学的发展》,张家龙等
　　译,商务印书馆 1985 年版。

[德] 肖尔兹:《简明逻辑史》,张家龙译,商务印书馆 1977

年版。

邢涛涛:《数理逻辑》,北京大学出版社 2008 年版。

徐明:《符号逻辑讲义》,武汉大学出版社 2008 年版。

叶峰:《二十世纪数学哲学——一个自然主义者的评述》,北京
　　大学出版社 2010 年版。

俞宣孟:《本体论研究》,上海人民出版社 2012 年版。

张清宇:《二阶逻辑》,载张清宇编《逻辑哲学九章》,江苏人
　　民出版社 2004 年版。

周北海:《模态逻辑引论》,北京大学出版社 1997 年版。

邹崇理:《现代逻辑的多样性发展》,载张清宇编《逻辑哲学九
　　章》,江苏人民出版社 2004 年版。